Pitter A. Steinbuch

So machen Sie wieder Gewinne

Pitter A. Steinbuch

So machen Sie wieder Gewinne

MBC Management Buchclub

Lizenzausgabe für die MBC-Management + Buchclubs GmbH
in der Verlagsgruppe moderne industrie

Gesamtherstellung: Limburger Vereinsdruckerei GmbH, Limburg/Lahn 4
Schutzumschlag: Hendrik van Gemert
Printed in Germany 320860/184303
ISBN: 3478-32860-8

Inhaltsverzeichnis

Einleitung

Rezession und Stagnation gehen an fast keinem Unternehmen wirkungslos vorbei. Es gilt ihre Auswirkungen zu bekämpfen und zu überwinden, um

- wettbewerbsfähig zu bleiben,
- die Ertragskraft zu steigern,
- wieder Gewinne zu machen.

Dafür gibt es jedoch kein Patentrezept. Keine umfassende Theorie und praktizierende Philosophie sichert dabei den Erfolg und damit wieder Gewinne. Nur mit

- beträchtlichen Anstrengungen und erheblicher Arbeit,
- effizienten Maßnahmen und wirkungsvollen Mitteln,
- gelungenen Aktivitäten und durchschlagenden Aktionen,

läßt sich ein Unternehmen durch Rezession und Stagnation steuern. In diesem Kampf erfolglos zu sein, hat nachhaltige Folgen:

- Verluste müssen hingenommen werden.
- Die Arbeitsplätze werden bedroht.
- Sanierungsüberlegungen müssen angestellt werden.
- Die Zukunft des Unternehmens wird unsicher.

Mittel und Maßnahmen zu nennen, um die Flaute und ihre Folgen nachhaltig zu bekämpfen, ist Aufgabe dieses Buches.
Es wendet sich dabei nicht nur an Unternehmer, Management und Geschäftsleitungen, sondern an alle leitenden Mitarbeiter. In wirtschaftlich schwierigen Zeiten sind alle Verantwortungsträger aufgerufen, mitzuhelfen diese gefährliche Wirtschaftssituation erfolgreich zu bestehen.
Die Rezession und Stagnation trifft Groß-, Mittel- und Kleinunterneh-

men in gleicher Weise, wie die jüngste Wirtschaftsgeschichte beweist. Deswegen gibt dieses Buch für alle Unternehmensgrößen, auch Kleinstunternehmen mit wenigen Mitarbeitern, Hilfen und Anstöße, um die Flaute nicht nur zu überstehen, sondern aus ihr relativ gestärkt hervorzugehen, um also wieder Gewinne zu machen.
Volkswirtschaftliche oder wirtschaftspolitische Betrachtungen, Theorien und Theoreme sind nicht Inhalt dieses Ratgebers. Es gibt ausschließlich betriebspraktische und rezeptartige Vorgehensempfehlungen zur Überwindung der aktuellen Wirtschaftslage.
Natürlich gelten sehr viele der hier ausgeführten

- Erwägungen und Empfehlungen
- Vor- und Ratschlägen

nicht nur für die Zeit der Stagnation und Rezession, sondern sie können in jeder Wirtschaftslage zur Verbesserung der Gewinnsituation eingesetzt werden.

I. Analyse der Unternehmenssituation

Vieles was in Wachstumszeiten gut und gewinnbringend war, kann in der Flaute unnötig oder unsinnig, schlecht und schädlich sein. Deswegen kann heute nicht mit den gleichen

- Denkweisen und Denkmustern,
- Techniken und Taktiken,
- Politiken und Strategien,
- Aktivitäten und Anstrengungen

gearbeitet werden, wenn man weiterhin Gewinne erzielen möchte oder wieder in die Gewinnzone kommen will.
Um aber zu geeigneten Vorgehensweisen zu kommen, genügt es nicht nur erfolgversprechende Empfehlungen zu befolgen, wie sie beispielsweise in diesem Buch gegeben werden. Es müssen die besten Kampfmittel gegen Rezessions- und Stagnationswirkungen für jedes einzelne Unternehmen gefunden werden. Jedes Unternehmen unterscheidet sich aber erheblich von anderen Unternehmen in einer Vielzahl von wesentlichen Merkmalen:

- Finanzkraft
- Größe
- Image
- Management
- Standort
- Verkaufsprogramm
- Wettbewerber
- Wirtschaftszweig

Ausgangspunkt muß folglich die Analyse der aktuellen Unternehmensituationen in der gegebenen Wirtschaftslage sein.

Dabei gilt es zu ermitteln,

- welche Auswirkungen der Wirtschaftssituation das Unternehmen treffen,
- wie groß deren Wirkungsmaß ist und
- welche Folgen daraus für das Unternehmen entstehen.

Dabei gilt es natürlich zunächst den aktuellen Stand der Flaute im Hinblick auf das eigene Unternehmen zu ermitteln. Das genügt jedoch nicht, denn die zukünftige Wirtschaftslage muß in alle Überlegungen zur Stagnationsüberwindung einbezogen werden. Die Zukunft ist aber ungewiß!

- Die Stagnation kann in der nächsten Zeit von einem langsamen oder auch schnelleren Wirtschaftsaufschwung abgelöst werden.
- Über längere Zeit hinweg, vielleicht sogar mehrere Jahre lang, kann die Stagnation die bestimmende Wirtschaftslage bleiben.
- Die Stagnation kann von einer andauernden Rezession abgelöst werden. Die Weltwirtschaftskrise in den dreißiger Jahren muß kein singuläres Ereignis gewesen sein.

Auch bei Überlegungen und Prognosen gilt es wieder die individuellen Unternehmenswirkungen von der allgemeinen Entwicklung gesondert zu analysieren. Neben der generellen Wirtschaftsentwicklung ist zu analysieren, welche Auswirkungen es hat, wenn im nächsten Quartal oder Jahr der Auftragseingang um weitere

- 20 % fällt,
- 50 % fällt oder um
- 50 % steigt?

Von solchen Analysen müssen die Maßnahmen und Anstrengungen zur Bekämpfung der bedrohlichen Lage abhängig gemacht werden.
Wesentliche Bedeutung bei einer Auswirkungsanalyse der aktuellen konjunkturellen Situation haben die nachstehenden Einflußfaktoren:

- Auftragseingang
  Politische Gegebenheiten und staatliche Maßnahmen nehmen vor allem in der Investitionsgüterindustrie erheblichen Einfluß auf den zukünftigen Auftragseingang. Arbeitslosigkeit und Massenkaufkraft bestimmen für die Verbrauchsgüterunternehmen den Auftragseingang.

- **Auslastung**
  Auftragsbestand und Auftragseingang bestimmen die zukünftige Auslastung. Besonders bedeutsam ist bei einer Auslastungsminderung, daß davon überproportionale Wirkungen ausgehen:
  - Fixkostenabdeckung geht zurück,
  - Stückkosten steigen,
  - Kostenremanenz verstärkt die Wirkung.

- **Kostenentwicklung**
  Die Kostensteigerung nimmt in der Rezession tendenziell ab, ohne daß es üblicherweise zu einem gleichbleibenden Kostenanfall kommt. Mehrere Einflüsse üben dabei unterschiedliche Wirkungen aus:
  - Personalkosten steigen weiterhin, jedoch mit geringeren Wachstumsraten
  - Materialkosten können nur marktbezogen prognostiziert werden.
  - Zinsen sinken, weil sie ein Instrument zur Rezessionsbekämpfung sind.

- **Umsatz**
  Für den Zahlungseingang ist der Umsatz wesentlich. Dieser bestimmt die Liquidität, welche für den Unternehmensbestand in der Rezession von besonderer Bedeutung ist. Dabei gilt es die sinkende Zahlungsmoral und den Zahlungsausfall durch Vergleiche und Konkurse in der Rezession in die Analyse einzubeziehen.

- **Wettbewerberverhalten**
  Die Wettbewerbsunternehmen reagieren ebenfalls auf die Rezession. Deren Maßnahmen und Aktionen werden das eigene Unternehmen wesentlich beeinflussen, denn in der Rezession, die durch gleichbleibende oder gar schrumpfende Märkte gekennzeichnet ist, wendet sich
  - jede neue Marktaktivität,
  - Preisveränderungen,
  - Erzeugniseinführungen,
  - Werbekampagnen,
  - Veränderungen der Kontrahierungs- und Distributionspolitik, unmittelbar gegen die Wettbewerber.

- Staatliche Maßnahmen
  Die Wirkung von eingeführten und erwarteten Maßnahmen von Bund und Ländern zur Rezessionsbekämpfung müssen ebenfalls in die Analyse einbezogen werden:
  - Steuermaßnahmen,
  - Subventionen,
  - Sonderprogramme,
  - Zwangsabgaben.

Diese Analyse der Auswirkungen rezessiver Phasen auf das Unternehmen muß ganz emotionslos und ohne Voreingenommenheit durchgeführt werden. Auf ihren Ergebnissen müssen die Alternativen zur Rezessionsbekämpfung entwickelt und ausgearbeitet werden. Stimmt die Basis nicht, werden also die Rezessionswirkungen falsch prognostiziert und eingeschätzt, dann werden die darauf aufbauenden Entscheidungen auch fehlerhaft sein. Falsche Entscheidungen zur Rezessionsbekämpfung haben aber erhebliche Wirkungen:

- Falscher Einsatz der Mitarbeiterkapazität
- Nutzlose Festlegung oder Verbrauch von Finanzmitteln
- Falscher Sachmitteleinsatz
- Fehlgeleitete Motivation der Mitarbeiter

Bei blühender Konjunktur Fehler zu machen, kann schmerzhaft sein – in der Flaute werden Fehler nicht verziehen. In der Rezession wird das Unternehmerrisiko zu einem »Wagnis« im echten Wortsinn. Fehler, die durch eine falsche und mangelhafte Analyse entstehen, können lebensgefährlich sein.

II. Grundlegende Aufgaben

Ausrichtung des Unternehmens auf Rezession und Stagnation – das ist die grundsätzliche unternehmerische Zentralaufgabe in Zeiten der nachhaltigen Wirtschaftsflaute. Dabei muß davon ausgegangen werden, daß die Rezession und ihre Folgen

- über längere Zeit andauert,
- tiefgreifende Auswirkungen hat,
- die Wirtschaftslandschaft wesentlich verändert und
- die Geisteshaltung manches Berührten teilweise beträchtlich verformt.

Diese Ausrichtung erfordert zunächst, daß von lieben Denkweisen und Denkschemata der Wachstumsphasen Abschied genommen wird. Dazu gehört auch die Überprüfung und die Anpassung oder die grundlegende Umgestaltung der Unternehmensziele.
Zu wirksamen Bekämpfung von Rezession und Stagnation müssen möglichst erfolgverheißende Maßnahmen durchgeführt werden und ihr Erfolg oder Mißerfolg müssen kontrolliert werden.

A. Denken Sie um

Natürlich gab es in der jüngeren deutschen Wirtschaftsgeschichte hin und wieder Konjunktureinbrüche – aber eine »ausgewachsene« Rezession gab es nur in einigen Branchen. Das waren für diese Wirtschaftsbereiche beispielsweise die Jahre 1974 und 1975. Die deutschen Unternehmen und ihre Geschäftsleitungen haben folglich keine oder fast keine Rezessionserfahrung.

Natürlich kann man die Ansicht vertreten, daß in der Rezession und in der Stagnation nur das Geschäft härter wird, aber sich sonst nichts ändert. Diese Meinung übersieht aber einige wesentliche Gesichtspunkte:

- Marktwachstum

  Nullwachstum oder negatives Wachstum des Marktes sind ein besonderes bedeutsames Merkmal von Rezession und Stagnation. Ein Unternehmenswachstum kann in dieser Wirtschaftslage nur noch auf Kosten der Wettbewerber erreicht werden:
  - Rückgang der Marktanteile anderer Wettbewerber.
  - Konkurs, Liquidation, Geschäftsaufgabe von Konkurrenzunternehmen.
  - Aufkauf oder Eingliederung von Wettbewerbsfirmen.

  Wachstum auf diese Art kann nur durch erhebliche finanzielle Mittel oder durch besonders geschicktes, also rezessionsgerechtes Marktverhalten erreicht werden.
- Verhalten

  Wer kurz vor dem Konkurs oder vor dem Vergleich steht, wer sein Vermögen und seine Arbeit in hochgradiger Gefahr sieht, der handelt und entscheidet anders, als wenn nur die Frage ansteht, ob der Vertriebsplan zu 108 oder 111 % erfüllt werden kann. Die Rezession ist gekennzeichnet durch
  - Willkür und Rücksichtslosigkeit;
  - Entscheidungen, die von Außenstehenden nicht nachvollzogen werden können;
  - Handlungsweisen, die manchmal als am »Rande der Legalität« oder als illegal bezeichnet werden müssen.

  Falls es bisher noch »königliche Kaufleute« gab, in der Rezession werden sie sehr selten.

- Preise

  Der Preis spielt in jeder Wirtschaftslage eine nicht unwichtige Rolle. In der Flaute »läuft aber alles über die Preisschiene«! Die Preise gewinnen gegenüber den anderen Marktfaktoren eine so dominierende Stellung, daß andere Argumente zu keinem Auftrag führen, wenn nicht der Preis stimmt.

- Stimmung

  Die Politiker wissen in jeder Rezessionsphase, daß es wieder aufwärts geht. Bei Unternehmern und Managern ist die Stimmung realistischer, denn sie wissen wohl auch, daß es irgendwann wieder aufwärts geht – nur leider nicht wann. Und auch eine Depression mit allen ihren üblen Folgen kann von niemandem ausgeschlossen werden. Dabei haben in den letzten Jahren die echten und die vermeintlichen Wirtschaftpsychologen immer wieder darauf hingewiesen, welche enorme Bedeutung die Stimmung im Wirtschaftsleben hat.

- Politik

  Der Einfluß der Politik und ihre Ausflüsse in Form von Gesetzen und Verordnungen, Programmen und Projekten gewinnt in der Rezession eine noch größere Bedeutung als in Zeiten der Hochkonjunktur. Da oftmals keine kontinuierliche Entwicklung im politischen Bereich gegeben ist oder abgesehen werden kann, wird das Unsicherheitsmoment der Politik in der Rezession wesentlich bedeutsamer und die planerische Basis für die Zukunft noch unsicherer.

In der Rezession und Stagnation ändert sich folglich Grundlegendes. Vieles was in der Zeit des Wachstums recht und richtig war, kann in der Rezession falsch oder fruchtlos sein. Deswegen tut Umdenken Not! Wer sich nicht auf die Gegebenheiten der Rezession und Stagnation einstellt, der wird Schaden erleiden. Wer sich nicht auf die Wetterlage einstellt, der wird naß oder bekommt einen Sonnenstich.
Da fast jedes Unternehmen die Wirkungen der Wirtschaftslage in stärkerem oder geringerem Maße treffen, hilft auch einigeln nichts. Auf die Herausforderungen der Wirtschaftslage müssen Antworten gefunden werden. Unternehmer ist, wer etwas unternimmt. Wer nichts gegen die Rezession unternimmt, wer keine Maßnahmen gegen ihre Auswirkungen ergreift, ist kein Unternehmer, sondern ein »Unterlasser«. Jedoch genügt es in der Flaute nicht, nur irgendwelche Maßnahmen zur Abwehr

der Rezessionswirkungen durchzuführen, sondern es müssen möglichst effiziente und fehlerfreie Maßnahmen ergriffen werden. Nicht jeder Fehler ist in der Flaute tödlich, aber viele Fehler werden in dieser Wirtschaftslage nicht verziehen:

- In der Prosperität können Fehler durch Erfolge kompensiert werden. In der Rezession und Stagnation gibt es häufig keine Erfolge, mit denen kompensiert werden kann.
- Das Unternehmerrisiko ist in dieser Wirtschaftslage wesentlich größer – Fehler haben hier erheblich größere Wirkung.
- Es ist nicht ausreichend, in der Rezession gut zu sein, es ist erforderlich besser zu sein. Nur wer die Nase immer einen Fingerbreit vor der Konkurrenz hat, wird in der Flaute noch oder wieder Gewinne machen.

Im Radsport gibt es die Disziplin des Ausscheidungsrennens. Immer wieder wird der letzte Fahrer des Fahrerfeldes aus dem Rennen genommen. Die Rezession ist für viele Unternehmen ein Ausscheidungsrennen. Die »schlechtesten« Unternehmen werden aus dem Markt entfernt. Deswegen aber gilt es in der Rezession die richtigen, also die rezessionseffizienten Maßnahmen zu ergreifen. Was bedeutet der Ausdruck »Rezessionseffizienz«? Um in der Rezession wirksam die Flautenauswirkungen zu bekämpfen, gilt es in mehrfacher Hinsicht umzudenken.

- Fristigkeit
  Viele der Flautenfolgen wirken nicht im nächsten Quartal oder im nächsten Jahr, sondern jetzt und hier und heute:
  - Zahlungsausfall wegen Konkurses oder Vergleichsverfahren
  - Nichtabnahme von fertiggestellten Erzeugnissen
  - Ausfall von bedeutsamen Stammkunden
  - Annullierung oder Sistierung von wichtigen Aufträgen
  - Verkleinerung des Kreditrahmens
  - Dumpingmaßnahmen der Wettbewerber

  Maßnahmen gegen die Wirkungen der Flaute müssen deswegen kurzfristig sein:
  - Kurzfristig geplant und ausgearbeitet
  - Kurzfristig in ihren Auswirkungen

  Natürlich dürfen dabei auch langfristige Aspekte nicht übersehen werden, aber in der Rezession gilt, daß nur das hilft, was schnell hilft.

- Mittelwahl

  Natürlich gibt es keine typischen und anerkannten Mittel für die Bekämpfung der Auswirkungen der Rezession. Jedoch sind die wirksamen Mittel gekennzeichnet durch solche Eigenschaften wie:
  - Der Einsatz von Finanzmitteln muß begrenzt bleiben.
  - Die Leistungskapazität der Mitarbeiter darf nicht überfordert werden.
  - Investitionen sind in der Rezession nur in Ausnahmefällen geeignete Bekämpfungsmittel.
  - Das vorhandene Potential des Unternehmens ist bestmöglich zu nutzen.

  Kreativität und Ideen, Innovation und Initiativen sind die wirksamen Mittel, um der Flaute ihre Wirkung zu nehmen und nicht ein noch größerer Computer und noch raffiniertere EDV-Programme.

- Reaktion

  Auf die Wirtschaftslage muß in geeigneter Weise reagiert werden. Analysiert man die Handlungen und Entscheidungen von Unternehmen, welche in der Rezession zusammengebrochen sind, so stellt man insbesondere diese Fehler fest:

- Mangelnde Liquiditätsplanung und -sicherung
- Schlecht vorbereitete und mangelhaft durchgeführte Maßnahmen zur Rezessionsbekämpfung
- Eine Vielzahl unkoordinierter, die Mitarbeiter überfordernder Maßnahmen
- Fehlende Ausrichtung des Managements auf die Rezession
- Schlechtes Betriebsklima und eine überbordende Zahl von Konflikten mit dem Betriebsrat
- Mangelhafte Mitarbeitermotivation und -ausrichtung auf die Rezessionsbekämpfung

Die Reaktion auf Rezession und Stagnation darf weder ein Einigeln, noch ein Beharren auf den in der Hochkonjunktur bewährten Maßnahmen sein. Gezielte, die Rezessionsauswirkungen direkt angehende Maßnahmen, wie sie nachfolgend beschrieben werden, sind die richtigen Antworten auf die Flaute und ihre Auswirkungen.

- Aktionismus

  Immer wieder kann man beobachten, daß in der Rezession Qualität durch Quantität ersetzt wird. Durch eine Vielzahl von Aktionen und

Aktivitäten, Ansätzen und Anläufen glaubt man gegen die Rezessionswirkungen anzukommen. »Viel hilft viel« – diese Aussage läßt unbeachtet, daß die Effizienz wichtiger als die Menge ist. Deswegen gilt es möglichst wirksame Maßnahmen auszuarbeiten und dann konsequent durchzusetzen:

- Sicherung der Vertriebserfolges
- Steigerung der betrieblichen Effizienz
- Ausgaben- und Kostensenkung
- Sicherung von Liquidität und Flexibilität
- Straffung und Entrümpelung des Unternehmens
- Wahrnehmung von Subventionen und Kooperationen
- Optimierung der Mitarbeiter und der Mitarbeiterbetreuung
- Verbesserung der Produktivität

Verzichten Sie auf Scheinmaßnahmen – also Maßnahmen, bei denen letztendlich nichts unter dem Strich bleibt. Bei organisatorischen Maßnahmen beispielsweise kann oft beobachtet werden, daß dem erreichten Effekt ein entsprechender oder sogar überproportionaler Aufwand gegenübersteht:

- Planung- und Ausarbeitungsaufwand
- Einführungs- und Anlaufkosten
- Leistungsminderung der Mitarbeiter durch die Umstellung
- Beiseitigungsaufwand von Anlaufproblemen

In der Rezession kann man es sich nicht leisten, solche Projekte durchzuführen. Deswegen gilt es in der Rezession jede Maßnahme zu prüfen, ob es sich nicht dabei um ein Potemkin'sches Dorf, eine Scheinmaßnahme handelt.

In der Rezession beweist sich die Güte des Managements eines Unternehmens. Sich den neuen Gegebenheiten anpassen, umdenken und die eingefahrenen Gleise der Hochkonjunkturzeiten zu verlassen, muß die Handlungsmaxime sein. Die Rezession ist umbarmherzig. Die Miserabilität der Unternehmensführung wird in der Rezession offenbar – nicht erst durch Vergleich oder Konkurs des Unternehmens.

B. Überprüfen Sie Ihre Unternehmensziele

Durch die Unternehmensziele wird ein Unternehmen in seinen Grundzügen bestimmt:

- Von ihnen leitet sich die Betriebspolitik ab.
- Die Teilziele für die einzelnen Unternehmensbereiche werden durch sie bestimmt.
- Die Einzelziele für jeden Mitarbeiter sind davon abzuleiten.
- Die Handlungsarten werden durch diese Zielhierarchie wesentlich beeinflußt:
  - Aktivitäten,
  - Vorgehensweisen,
  - Methodeneinsatz,
  - Verfahrensnutzung.
- Die Verhaltensnormen für die Mitarbeiter sollten durch die Ziele gelenkt werden.

Dabei ist es gleichgültig, ob die Unternehmensziele schriftlich festgelegt sind, wie das beispielsweise in Form einer

- Unternehmenssatzung,
- Geschäftsordnung,
- Grundsatzerklärung,

erfolgt sein kann, oder ob diese Ziele nur in Form

- von mündlichen Aussagen der Eigentümer oder der Geschäftsleitung,
- der Tradition des Unternehmens,
- in der »selbstverständlichen Haltung« jedes Führungsmitgliedes

bestehen. Schlecht ist es jedoch, wenn die Unternehmensziele ausschließlich in den Köpfen der Geschäftleitung gegenwärtig sind.

Werden die bisherigen Unternehmensziele schon längere Zeit verfolgt, so stammen sie aus Zeiten normaler Wirtschaftslage oder gar aus konjunkturellen Blütezeiten. Diese Ziele können in der Regel für die Rezession so nicht beibehalten werden, weil sie

- für die Rezession irrelevant sind,
- Vorgaben enthalten, die in der Rezession wirklichkeitsfremd sind,

- nicht die besonderen Risiken der Rezession berücksichtigen,
- die Priorität der Ziele für die Rezession falsch sein muß.

Erster Schritt zur Ausrichtung eines Unternehmens auf Rezession und Stagnation muß die Überprüfung und die Korrektur der Unternehmensziele sein. Um wieder Gewinne zu machen oder um die Gewinne zu erhöhen, sind im Hinblick auf die Unternehmensziele folgende Aufgaben durchzuführen:

(1) Zieldefinition

Zunächst sind die während der Rezession anzustrebenden Ziele festzulegen. Während in normalen Zeiten solche Ziele im Mittelpunkt standen, wie

- Gewinnoptimierung,
- Erhöhung des Marktanteiles,
- Rentabilitätsmaximierung,

gilt es nun solche Ziele zu definieren, die sichern, daß die Rezession ohne Schäden überwunden wird:

- Unternehmenssicherung,
- Verlustvermeidung,
- Risikovorsorge.

Bei der Festlegung der Unternehmensziele sind besonders zu beachten

- die wirtschaftlichen Gegebenheiten der Rezession,
- die eigenen Möglichkeiten und Ressourcen,
- die Notwendigkeit der Identifikation der Mitarbeiter mit diesen Zielen.

Die Festlegung wirklichkeitsfremder Ziele ist ein Kennzeichen vieler Unternehmen, die in der Rezession Konkurs anmelden mußten.

(2) Zielformulierung

Qualitative Ziele, wie sie oben genannt wurden, sind für die betriebliche Praxis ungenügend. Hier bedarf es konkreter, quantifizierter Ziele. So beispielsweise:

- Umsatzsteigerung für das Erzeugnis AB von 4 % im nächsten Halbjahr.
- Kostensenkung für alle beeinflußbaren Kosten um 6 % im kommenden Jahr.
- Beschleunigung der Auftragsbearbeitung auf eine Durchlaufzeit von 3 Arbeitstagen innerhalb des nächsten Monats.

Bei der Zielformulierung sollten einige Grundsätze beachtet werden:

Grundsätze zur Zielformulierung
1. Jedes Ziel muß quantifiziert, also in Zahlen ausgedrückt werden. 2. Jedes Ziel ist zur Erreichung mit einem Termin vorzugeben. 3. Jedes Ziel muß erreichbar sein, sollte aber die Mitarbeiter auf keinen Fall unterfordern. 4. Die Ziele müssen verständlich und in sich widerspruchslos sein. 5. Die Zahl der Ziele sollte auf keinen Fall sechs Ziele überschreiten. 6. Die Ziele müssen so formuliert sein, daß die Mitarbeiter sich mit ihnen identifizieren können.

(3) Zielreihung

Für die formulierten Ziele bedarf es einer Festlegung der Prioritäten, denn nur so lassen sich Zielkonflikte ausschalten. Jedem Mitarbeiter muß klar sein, was besonders wichtig und was weniger wichtig ist. Deswegen empfiehlt es sich, die Ziele in eine Ordnungsreihe zu bringen. Für die Unternehmensziele kann zum Beispiel folgende Reihenfolge gewählt sein:

1. Liquiditätssicherung durch eine Vorhaltung von 105 %.
2. Umsatzerhöhung um 2 % im Geschäftsjahr.
3. Kostensenkung um 3 % im Folgequartal.
4. Bestandsverminderung um 12 %.
5. Keine Personalentlassungen.

(4) Zielvorgabe

Die formulierten und mit Prioritäten versehenen Ziele sind vorzugeben. Dabei ist wichtig, daß jeder Mitarbeiter sich darüber im klaren ist, daß es sich hier nicht um Prognosen handelt, sondern um zwingende Vorgaben, welche

- auf jeden Fall erreicht werden müssen,
- von der Geschäftsleitung vollinhaltlich vertreten werden,
- von den Mitarbeitern erreicht werden müssen,
- den Erfolg und damit die Existenz des Unternehmens bedingen.

Das bedeutet, daß die Zielvorgabe nicht nur ein Informations-, sondern vor allem auch ein Motivationsprozeß ist. Jeder Mitarbeiter muß dabei den Eindruck gewinnen, daß das Erreichen der Ziele seiner persönlichen Entwicklung nutzt und die Nichterreichung ihm schadet.
Der Zielvorgabe sollte wesentliche Bedeutung eingeräumt werden. Das kann durch die folgende Vorgehensweise erreicht werden:

- Verfahrenserläuterung und -diskussion im Kreis der leitenden Mitarbeiter durch die Geschäftsleitung.
- Dienstgespräche zwischen den leitenden Mitarbeiter und ihren Vorgesetzten mit Vorgabe und Erläuterung der vorgesehenen Ziele.
- Schriftliche Vorgabe der anzustrebenden Ziele.

Die Rezession fordert von jedem leitenden Mitarbeiter, daß er die zu erreichenden Ziele genau kennt und für ihre Erreichung engagiert kämpft.

(5) Zielerreichungskontrolle

Ziele nur vorzugeben, genügt nicht – es muß auch kontrolliert werden, ob

- die vorgegebenen Ziele erreicht werden,
- es Abweichungen von Zielvorgaben gibt,
- die Ursachen für die Abweichungen beeinflußbar waren.

Die Zielerreichungskontrolle sollte in Dienstgesprächen zwischen jedem leitenden Mitarbeiter und seinem Vorgesetzten stattfinden. In diesen Gesprächen müssen mehrere Punkte im Mittelpunkt stehen:

- Annäherung an die vorgegebenen Ziele
- Durchgeführte Maßnahmen zur Zielerreichung
- Geplante Maßnahmen zur Annäherung an die Zielvorgaben
- Erwartete Zielerreichung

Sowohl durch materielle Leistungen, wie auch durch immaterielle Förderungen, sollten die Mitarbeiter belohnt werden, welche wesentlich zur Zielerreichung beigetragen haben.

Die Vorgabe von Unternehmenszielen zur Überwindung der Rezession und ihrer Folgen für das Unternehmen, sollte nur der erste Schritt und in der Zielvorgabe sein.
Von den Unternehmenszielen sind die Bereichsziele abzuleiten, also entweder die Ziele für die einzelnen Unternehmensparten oder für die Unternehmensbereiche:

- Ziele des Materialwesens,
- Fertigungsziele,
- Vertriebsziele,
- Ziele des Personalwesens,
- Verwaltungsziele.

Für die nachgeordneten Mitarbeiter in Leitungspositionen innerhalb der Sparten oder der Bereiche, empfiehlt es sich, die Ziele ebenfalls abzuleiten und vorzugeben.
Daraus ergibt sich für das Unternehmen eine Zielhierarchie:

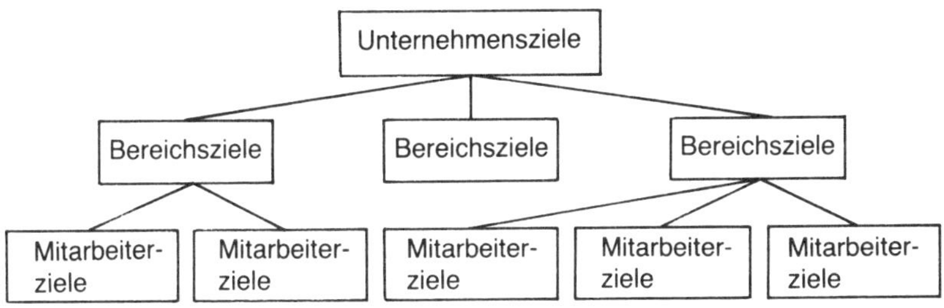

Die für die Unternehmensziele beschriebene Vorgehensweise bis zur Zielvorgabe und Zielkontrolle, sollte auf den anderen Zielebenen ebenfalls benutzt werden.
Eine Reihe von Unternehmen in der Bundesrepublik Deutschland arbeiten mit einer Unternehmensgesamtplanung. Für alle Bereiche des Unternehmens werden hier abgestimmte Teilpläne ausgearbeitet und vorgegeben:

- Beschaffungsplan,
- Fertigungsprogramm,
- Verkaufsprogramm,
- Finanzplan.

Das ist natürlich eine auf der Zielvorgabe aufbauende, aber weitergehende Vorgabe des Handelns für die leitenden Mitarbeiter.
In der Flaute in einem Unternehmen eine Unternehmensgesamtplanung einzuführen, ist jedoch ein Kardinalfehler, der auf jeden Fall vermieden werden sollte. Wird bisher ohne Gesamtplanung gearbeitet, so sollte darauf solange verzichtet werden, bis Rezession und Stagnation überwunden sind.
Die Einführung von Zielvorgaben für die leitenden Mitarbeiter ist dagegen eine erste, wichtige Maßnahme, um wieder Gewinne zu machen. Dadurch wird es den Mitarbeitern ermöglicht,

- wirkungsvoll und ausgerichtet die vorgegebenen Ziele anzustreben,
- die Ziele in der richtigen Reihenfolge zu sehen,
- ihre Handlungen auf die Zielerreichung auszurichten,
- jederzeit zu erkennen, ob sie erfolgreich sind,
- ihren Anteil am Erfolg oder auch am Mißerfolg kennenzulernen.

Die oberste Leitung eines Unternehmens hat durch die Zielvorgabe ebenfalls einige wesentliche Vorteile:

- Die angestrebten Ziele werden für jeden Mitarbeiter deutlich.
- Jeder Mitarbeiter weiß, was er persönlich erreichen muß.
- Die Leitung gewinnt an Bewegungsfreiheit.
- Die Leistung der Mitarbeiter wird einfacher beurteilbar.

Durch die Zielvorgabe wird nicht nur erreicht, daß die Mitarbeiter am gleichen Strang ziehen, sondern es wird auch sichergestellt, daß alle in der gleichen Richtung und mit der richtigen Kraft an diesem Strang ziehen.
Die Zielvorgabe in der Rezession an die Mitarbeiter ist nur bedingt vergleichbar mit dem Management by Objectives. Bei diesem Verfahren definieren Vorgesetzte und Mitarbeiter auf jeder Ebene individuelle Ziele im Rahmen der Unternehmensplanung. Die empfohlene Zielvorgabe zur Überwindung der Rezession

- setzt keine Unternehmensplanung voraus,
- beteiligt die Mitarbeiter nicht an der Zielvorgabe,
- ist keine Führungstechnik.

Diese Zielvorgabe ist vielmehr eine notwendige Maßnahme zur Überwindung der Auswirkungen von Rezession und Stagnation.

C. Ermitteln Sie Ihre Unternehmensstärken und -schwächen

Jedes Unternehmen hat seine Stärken und Schwächen. Überwiegen die Schwächen, so wird es die Flaute nicht oder nur knapp überleben. Sind die Stärken besonders ausgeprägt und die Schwächen gering, so wird es die rezessive Phase relativ gut überstehen.
Es ist in jeder Wirtschaftslage wichtig, die eigenen Stärken und Schwächen zu kennen. In der Rezession gewinnt dieses Wissen jedoch besondere Bedeutung, denn in ihm liegt ein Schlüssel zur Überwindung der Flaute.
Die Kenntnis der Stärken und Schwächen des Unternehmens ist in mehrfacher Hinsicht wichtig:

- Sie hilft, die richtigen Maßnahmen zu finden.
- Die erforderlichen Maßnahmen können zielgerecht durchgeführt werden.
- Der Mitteleinsatz zur Rezessionsüberwindung wird effizienter.
- Es ist leichter, Erfolge zu haben und die Erfolge sind größer.

Die Stärken und Schwächen eines Unternehmens können sich auf zwei Bereiche beziehen:

- Extern vornehmlich im Hinblick auf die Erzeugnisse und den Vertrieb
- Intern insbesondere in Hinsicht auf Kosten, Finanzwesen und Organisation

Zur Ermittlung der Stärken und Schwächen gibt es eine Reihe von Möglichkeiten mit unterschiedlichen Erfolgsaussichten und verschiedenen Kostenhöhen.
Grundsätzlich sind zwei Arten der Ermittlung und Analyse der Unternehmensstärken und -schwächen empfehlenswert:

- Analyse durch unternehmensexterne Fachleute wie Unternehmensberater und Hochschulspezialisten
- Eigenanalyse mit wirksamen Techniken

Für die Fremdanalyse unter Einsatz von externen Experten, welche den

Vorteil der Unvoreingenommenheit und der Erfahrung aus ähnlichen Analysen haben, gilt es zunächst den Analysenumfang zu definieren:

- Gesamtunternehmensanalyse,
- Absatzanalyse,
- Finanzanalyse,
- Organisationsanalyse,
- Fertigungsanalyse,
- Potentialanalyse,
- Materialwirtschaftsanalyse.

Wesentlicher Inhalt dieser Analyse sollte jedoch nicht nur der Ausweis von Stärken und Schwächen sein, sondern vor allem auch die Nennung von

- Verbesserungsmöglichkeiten,
- Vereinfachungsgelegenheiten,
- Einsparungschancen,
- Umsatzausweitungsaussichten,
- Kostensenkungsgelegenheiten und
- Subventionsmöglichkeiten.

Da bei solchen Analysen kein Erfolgshonorar möglich und sinnvoll ist, empfiehlt es sich hier einen Beratungsvertrag mit Festpreisvereinbarung abzuschließen. Stundenhonorare besitzen die Tendenz zur Ausweitung der Beratung. Da in der Rezession nur die Hauptstärken und -schwächen behoben werden können, genügt es, wenn diese aufgezeigt werden. Unsystematische Instrumente zur Ermittlung, vornehmlich von Unternehmensschwächen, sind das betriebliche Vorschlagswesen und solche Aktionen wie beispielsweise

- Gemeinkostenaktionen,
- Energiesparprogramm,
- Zero-Defects-Aktivitäten.

Systematisch können die Stärken und Schwächen des Unternehmens intern und ohne Einsatz externer Experten mit mehreren bewährten Techniken ermittelt werden. Diese Techniken können auf einen bestimmten Bereich oder auf das gesamte Unternehmen angewandt werden.

(1) Checklisttechnik

Mit einem Prüffragenkatalog, der als Checklist bezeichnet wird, werden die Stärken und Schwächen dadurch erkannt, daß man versucht, die aufgeführten Fragen zu beantworten:

- Aus der Frage wird bereits erkennbar, daß im eigenen Unternehmen Stärken oder Mängel vorhanden sind.
- Aus den Schwierigkeiten, die bei der Beantwortung der Fragen enstehen, werden Schwächen und Stärken offenbar.
- Die Antworten auf die Fragen zeigen die gesuchten Ergebnisse auf.

Ein Ausschnitt aus einer Checklist kennzeichnet diese Technik:

20. Werden für das Erzeugnis zunehmend Ersatzprodukte am Markt angeboten?
21. Tauchen für dieses Erzeugnis neue Wettbewerber auf?
22. Ist das Erzeugnis durch modische Strömungen beeinflußt?
23. Vergrößern die Wettbewerber ihre Produktpalette im Hinblick auf dieses Erzeugnis?
24. Tritt eine Sättigung des Marktbedarfes in absehbarer Zeit für dieses Erzeugnis ein?
25. Wird dieses Erzeugnis zunehmend importiert?

Checklists können auf verschiedene Weise erlangt werden, jedoch gute Checklists zu bekommen ist schwierig:

- Veröffentlichte Checklists
- Von Unternehmensberatern angebotene Prüffragenkataloge
- Eigenerstellung von Checklists

Mit der Checklisttechnik wurden sehr unterschiedliche Erfahrungen gemacht.

(2) Kosten-Nutzen-Analyse

Bei dieser Analyseart werden, entsprechend der Bezeichnung, für den Untersuchungsgegenstand die entstehenden Kosten dem erreichten Nutzen gegenübergestellt und dadurch sowohl Stärken, als auch Schwächen erkannt. Beide werden in Geldeinheiten ermittelt.

Die Kosten-Nutzen-Analyse kann nur angewandt werden, wenn auch der Nutzen in Geldeinheiten ermittelt werden kann. Ist der Nutzen nicht quantifizierbar, so ist der Einsatz dieser Analyse nicht sinnvoll.

(3) Schwachstellenanalyse

Die Gegenüberstellung von gewünschten Merkmalsausprägungen, also subjektiver Sollvorstellungen mit dem Ist, wird als Schwachstellenanalyse bezeichnet. Daß dabei der subjektiven Sollvorstellung wesentliche Bedeutung zukommt, liegt auf der Hand.
Es wird dabei in der folgenden Weise vorgegangen:

1. Schritt: Merkmaldefinition

Zunächst sind die Merkmale zu ermitteln, die für den Untersuchungsgegenstand, also einen Ablauf, ein Erzeugnis oder einen Mitarbeiter, bedeutsam sind.

2. Schritt: Sollfestlegung

Für jedes definierte Merkmal ist nun das erforderliche Soll zu bestimmen. Dabei werden nicht nur die Üblichkeiten, sondern auch die rezessionsspezifischen Bedürfnisse einfließen müssen.

3. Schritt: Istermittlung

So wie für jedes Merkmal ein Soll zu bestimmen ist, so muß nun für jedes Merkmal das Ist ermittelt werden.

4. Schritt: Gegenüberstellung

Soll und Ist sind gegenüberzustellen. Das kann beispielsweise in einem Anforderungsprofil geschehen.

5. Schritt: Abweichungsanalyse

Durch die Analyse der positiven und negativen Abweichungen sind die Stärken und Schwächen zu ermitteln.

Die Analyse einer Stellenbesetzung soll als Beispiel für eine Schwachstellenanalyse dienen:

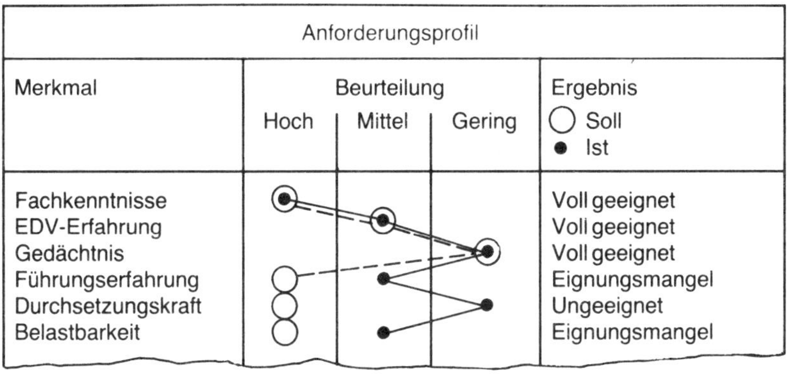

Der beurteilte Mitarbeiter ist offensichtlich für diese Position eine Fehlbesetzung und damit eine Schwachstelle.
Die Schwachstellenanalyse eignet sich besonders für solche Analysen wie:

- Ist der richtige Mann am richtigen Platz?
- Ist das die ideale Maschine für eine Aufgabe?
- Ist dies das angemessene Produkt für diesen Markt?

(4) Kennzahlenanalyse
Für die wesentlichen Merkmale des Untersuchungsgegenstandes werden Kennzahlen gebildet. Sie müssen so gewählt werden, daß sie repräsentative Aussagen machen. Solche Kennzahlen können beispielsweise sein:

Kennzahlen	
Angebote:	Kosten je Angebot Einarbeitungsdauer je Angebot Annahmequote je Angebot
Aufträge:	Kundenbesuche je Auftrag Bestellsumme je Auftrag Positionszahl je Auftrag
Bestellungen:	Angebotseinholungen je Bestellung Bestellhäufigkeit Bestellzahl je Einkäufer
Buchungen:	Kosten je Buchung Buchungen je Tag und Mitarbeiter Zeitdifferenz zwischen Anfall und Buchung

Durch die Wahl aussagekräftiger Kennzahlen kann die Güte dieser Analysentechnik verbessert oder verschlechtert werden.
Die ermittelten, aktuellen Kennzahlen müssen nun verglichen werden, um sie beurteilen zu können. Das kann mit verschiedenen Werten erfolgen:

- Kennzahlen befreundeter Unternehmen,
- Branchendurchschnittswerte,
- Vorgabewerte,
- Vergangenheitszahlen,
- Simulationsergebnisse.

Erhebliche positive oder negative Abweichung zeigen Stärken oder Schwächen des Unternehmens auf.
Mit der Kennzahlentechnik wurden sehr gute Erfahrungen gemacht.

(5) Sonstige Analysentechniken
Daneben können eine Reihe weiterer Analysentechniken eingesetzt werden, die besondere Teilaspekte untersuchen lassen:

- ABC – Analyse für Schwerpunktsermittlungen
- Technizitätsanalyse zur Beurteilung des Maschineneinsatzes
- Wirtschaftlichkeitsanalyse
- Sensibilitätsanalyse zur Variantenbewertung

Häufig ist es in der betrieblichen Praxis aber gar nicht notwendig, besondere Untersuchungen vorzunehmen oder Unternehmensberater einzuschalten, denn durch Beobachtung von

- Personalbedarf,
- Fehlerauftreten,
- Durchlaufzeiten,
- Kostenanfall,
- Reibereien,

gibt es kräftige Indizien für Stärken und Schwächen im Unternehmen. Die Kenntnis der Stärken und Schwächen des Unternehmens, also solcher wesentlichen Merkmale wie

- Mitarbeiter,
- Betriebspolitik,
- Erzeugnisprogramm,
- Erzeugnisse,
- Organistion,
- Kapazität,
- Finanzierung,
- Potential,

genügt natürlich nicht zur Bekämpfung der Rezessionswirkungen. Aus diesem Wissen heraus müssen nun Maßnahmen entwickelt werden, um die

- Stärken auszuspielen und sie noch zu verstärken,
- Schwächen auszugleichen und sie in Stärken zu verwandeln.

Dabei Hilfestellung zu geben, ist Aufgabe dieses Buches.

D. Planen Sie flautengerecht

Unternehmensplanung kann man als Luxus ansehen – gleichgültig ob das Wirtschaftsbarometer auf »Hoch« oder »Tief« steht. Man kann auch der Ansicht sein, daß man in der Flaute auf alle Tätigkeiten verzichten sollte, die nicht unmittelbar auf Umsatzerzielung ausgerichtet sind. Da Planung nicht dazugezählt werden muß, kann man in der Flaute der Unternehmensplanung entsagen.
Wird aber in der Wirtschaftsflaute auch eine Unternehmensplanung benutzt, dann sollte sie situationsgerecht durchgeführt werden. Was bedeutet das?
Zunächst sollte Planung nicht mit Prognose gleichgesetzt werden. Die Prognose der zukünftigen Gegebenheiten ist die Voraussetzung für jede Planung, aber sie selbst ist noch keine Planung. Planung bedeutet vorausschauende Festlegung von Maßnahmen. Planung ist folglich ein aktives Tun, das mehrere Aufgaben enthält:

- Prognose der zukünftigen Gegebenheiten
- Ermittlung von Alternativen zur zukünftigen Zielerreichung
- Ausarbeitung und Detaillierung dieser Alternativen
- Bewertung der Alternativen im Hinblick auf die Zielannäherung
- Auswahl der durchzuführenden Alternativen
- Vorgabe der ausgewählten Alternativen als Plan

Planung sollte folglich nicht die Fortschreibung der Vergangenheitswerte in die Zukunft sein. Durch die Planung wird dem unternehmerischen Willen quantitativ Ausdruck verliehen. Durch Pläne wird der Weg zur Erreichung der Unternehmensziele aufgezeigt.
Entscheidend dabei ist, daß die vorgegebenen Pläne von den Mitarbeitern nicht nur als Erwartungen aufgefaßt werden, welche die Geschäftsleitung für die Zukunft anstrebt. Für jeden Mitarbeiter muß der vorgegebene Plan eine Vorgabe sein, die für ihn verbindlich ist und die er erreichen muß. An der Erreichung der Planvorgaben kann jeder Mitarbeiter messen, ob er gute oder schlechte Arbeit geleistet hat, ob er als guter oder weniger guter Mitarbeiter zu beurteilen ist.
Jeder Mitarbeiter muß motiviert werden, die Vorgaben unter Einsatz seiner ganzen

- Arbeitskraft,
- Fachkenntnisse,
- Leistungsfähigkeit,
- Kreativität,
- Erfahrung,

zu erreichen. Das kann mit unterschiedlichen Motivatoren erfolgen:

- Materielle Motivatoren wie Prämienzahlungen, Lohn- und Gehaltserhöhungen oder besondere Deputate.
- Immaterielle Motivatoren wie beispielsweise die Überzeugung der Mitarbeiter durch Logik und Sachverstand, Lob und Anerkennung.
- Determinierende Motivatoren wie zum Beispiel die Vorgabe von Leistungszielen.

In der Rezession gilt es besonders die Planung auf die Aufgabe »Erzielung oder Erhaltung eines Gewinnes« auszurichten. Das erfolgt hervorragend bei Anwendung einer Methode, die mit »Zero-Base-Budgeting« bezeichnet wird.
Ausgangspunkt dieser Planungsmethode ist die Überlegung, daß eine Planung, also eine Maßnahmenfestlegung für die Zukunft, nur in der Weise erfolgen kann, daß für übersehbare Bereiche überlegt wird, welche Aufgabenlösungen optimalerweise angestrebt werden sollen, um die Unternehmensziele bestmöglich zu erreichen.
Bei der Zero-Base-Planung wird in den nachstehenden Schritten vorgegangen.

1. Schritt: Bildung von Leistungspaketen
Alle in die Planung einzubeziehenden Bereiche werden in Leistungseinheiten gegliedert. Das sind isoliert betrachtbare Aufgabengebiete, die bisher von einem bis maximal 10 Mitarbeitern betreut wurden. Diese als Leistungspakete bezeichneten Leistungseinheiten können mit organisatorischen Einheiten,

- Stellen
- Gruppen
- Abteilungen

identisch sein, sie können aber auch parallel zu diesen gebildet werden.

Am Beispiel der Beschaffung soll die Bildung von Leistungspaketen dargestellt werden:

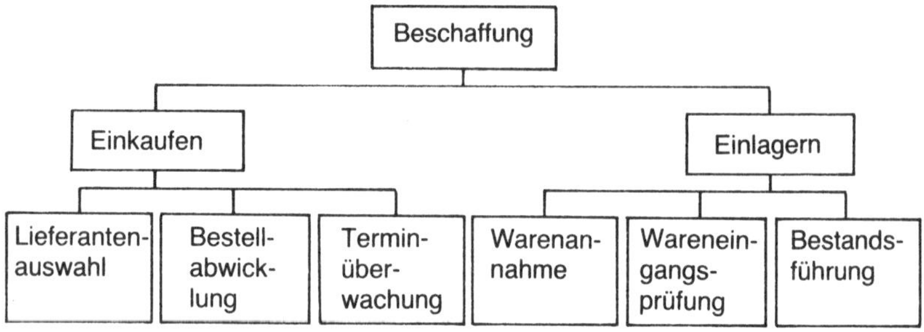

In diesem Beispiel werden folglich sechs Leistungspakete gebildet:

- Lieferantenauswahl,
- Bestellabwicklung,
- Terminüberwachung,
- Wareneingangsprüfung,
- Warenannahme,
- Einlagerung.

Die gebildeten Leistungspakete sind die Planungseinheit für den weiteren Planungsfortgang.

2. *Schritt: Erarbeitung von Leistungsstufen*

Für jedes Leistungspaket werden Leistungsstufen gebildet. Unter Leistungsstufen werden Alternativen der Leistungserlangung für jedes Leistungspaket verstanden. Es wird mit folgenden Leistungsstufen gearbeitet:

- Nullstufe
  Keine Leistungen für das betrachtete Leistungspaket zu erbringen wird in dieser Stufe vorgesehen. Für das Leistungspaket »Bestandsführung« oder »Lagerbuchhaltung« bedeutet das beispielsweise die Lagerbuchhaltung ersatzlos abzuschaffen. Da es kein Zwang zur Bestandsführung gibt, ist das zweifelsohne eine realisierbare Lösung.

- Minimalstufe
  In dieser Stufe wird das absolute Minimum der Leistung zur Zielerreichung vorgesehen. Für die Lieferantenauswahl kann das zum Beispiel bedeuten, daß jeweils nur zwei Angebote für neue Artikel

eingeholt werden und ausschließlich auf der Basis dieser zwei Angebote der Lieferant ausgewählt wird.

- Normalstufe
  Den üblichen Leistungsumfang erbringen zu lassen, ist der Inhalt der Normalstufe. Für die Terminüberwachung kann das zum Beispiel bedeuten, daß der Eingang der Waren in terminlicher Hinsicht überwacht wird und entsprechende Mahnungen vorgenommen werden.

- Verbesserungsstufe
  Verbesserte oder zusätzliche Leistungen zur Zielerreichung umfaßt diese Stufe für das jeweilige Leistungspaket. Für die Terminüberwachung kann das zum Beispiel bedeuten, daß jeweils eine Woche vor Liefertermin jedem Lieferanten ein Schreiben geschickt wird, in welchem er auf den demnächst fälligen Liefertermin hingewiesen wird.
  Bei mehreren Möglichkeiten zur Verbesserung des Leistungspaketes kann entsprechend mit mehreren Verbesserungsstufen gearbeitet werden.

Für die Wareneingangsprüfung werden die verschiedenen Leistungsstufen beispielhaft nachstehend aufgezeigt:

Leistungspaket: Wareneingangsprüfung	
Stufe	Leistung
Nullstufe	Verzicht auf jede Wareneingangsprüfung
Minimalstufe	Ausschließlich Prüfung der Warenmenge
Normalstufe	Mengen- und einfache Qualitätsprüfung mit optischen Prüfmethoden
Verbesserungsstufe	Neben der Mengenprüfung eine umfassende Qualitätsprüfung

3. Schritt: Ermittlung des Aufwandes

Für jede Leistungsstufe ist nun der Aufwand zu ermitteln, der für ihre Erbringung notwendig ist. Das geschieht üblicherweise durch Ermittlung von zwei Aufwandsfaktoren:

- Erforderliche Mitarbeiterzahl
- Notwendige Sachkosten

Beide Werte können in einer Gesamtkostensumme zusammengefaßt werden.
Basis für die Ermittlung der erforderlichen Mitarbeiter und der notwendigen Sachkosten sind für alle Stufen die gleichen, erwarteten Quantitäten für das betrachtete Leistungspaket.
Für das betrachtete Beispiel der Wareneingangsprüfung kann das Ergebnis der Aufwandsermittlung folgendes Ergebnis haben:

Leistungspaket: Wareneingangsprüfung				
Stufe	Leistung	Mitarbeiterzahl	Sachkosten DM	Gesamtkosten DM
OS	Keine Wareneingangsprüfung	0	0	0
MS	Nur Mengenprüfung	1	3.000	43.000
NS	Einfache Qualitätsprüfung	2	10.000	90.000
VS	Umfassende Qualitätsprüfung	4	30.000	190.000

4. Schritt: Entscheidung über die Leistungsstufen
Für jedes Leistungspaket sind nun die ermittelten Gesamtkosten dem Nutzen für jede Leistungsstufe gegenüberzustellen. Daß das unter den besonderen Bedingungen der Rezessionsbekämpfung erfolgen muß, ist selbstverständlich.
Üblicherweise wird man in der Rezession und Stagnation zunächst prüfen, ob die

- Nullstufe oder
- Minimalstufe

realisierbar ist und welche Konsequenzen sich daraus ergeben.
Diese Prüfung, welche Stufe unter den Bedingungen der Flaute in den Plan aufgenommen und damit realisiert werden soll, kann mit Hilfe einer Checklist einfacher ermittelt werden:

Checklist: Stufenwahl bei Zero-Base-Planung
1. Auf welcher Stufe übersteigen die Kosten den Nutzen erkennbar? 2. Gibt es wichtige Gründe die Nullstufe nicht zu benutzen? 3. Welche Nachteile sprechen gegen die Anwendung der Minimalstufe? 4. Hat der Verzicht auf die Normalstufe wesentliche Auswirkungen? 5. Gibt es wesentliche Vorteile, welche in der Rezession für die Verbesserungsstufe sprechen? 6. Welche Stufe wird man auch bei abklingender Rezession in jedem Fall benötigen?

Bei der Festlegung der Stufen für jedes Leistungspaket gilt es einige bedeutsame Punkte zu beachten:

- Jede Wahl einer anderen, als der bisher benutzten Stufe bedingt in der Regel erhebliche organisatorische Änderungen.
- Durch die Festlegung einer anderen Stufe werden oftmals wesentliche arbeitsrechtliche Regelungen betroffen.
- Nach dem Betriebsverfassungsgesetz hat der Betriebsrat dabei oftmals ein Mitbestimmungsrecht.
- Die begrenzte Kapazität zur Veränderung der Aufbau- und Ablauforganisation läßt gleichzeitig nur ein begrenztes Änderungsprogramm zu.
- Nur wenn die Wahl einer anderen Stufe kurzfristig erhebliche Vorteile erbringt, sollte in der Rezession die Änderung durchgeführt werden.

Die Ausarbeitung und Einführung einer anderen Leistungsstufe erfordert natürlich jeweils auch eine gewisse Zeit. Sie muß im Hinblick auf die Wirkung der Stufenwahl in der Planung berücksichtigt werden.
Das Ergebnis der Entscheidung über die anzuwendenden Leistungsstufen für das jeweilige Leistungspaket sollte in einer Liste analog dem nachfolgenden Beispiel aufgeführt sein:

Zero – Base – Planung: Beschaffung			
Leistungspaket	Gewählte Stufe	Stufeninhalt	Einsparungen im Jahr DM
Lieferanten-auswahl	Verbesse-rungsstufe	Intensive Beschaffungs-anstrengungen	0
Bestellabwicklung	Minimal-stufe	EDV – Kleinlösung	60.000
Termin-überwachung	Nullstufe	Keine Terminstelle – im Extremfall Maßnahmen durch Terminsteuerung	40.000
Warenannahme	Minimal-stufe	Warenannahme unter Einsparung der Erstellung von Wareneingangscheinen	25.000
Bestandsprüfung	Minimal-stufe	Keine Lagerbuchhaltung nur Inventur	80.000
Gesamteinsparung			205.000

5. Schritt: Ausarbeitung und Durchführung

Der letzte Schritt der Zero-Base-Planung ist natürlich nicht mehr systemspezifisch durchzuführen, sondern erfordert den Einsatz der üblichen Methoden und Techniken der Organisation:

- Gestaltung des Arbeitsablaufes
- Organisation der Arbeitsgänge
- Festlegung der Arbeitslogik
- Ausarbeitung von Formularen
- Prüfung des Sachmitteleinsatzes
- Definition von Sicherungsmaßnahmen
- Ausarbeitung der Vorgaben
- Information und Schulung der Mitarbeiter
- Einführung der neuen Leistungsstufe

Praxisgerecht und unter Verzicht auf alle Theorie wird die optimale Gestaltung der betrieblichen Auf- und Ablauforganisation in den folgenden Büchern ausführlich behandelt:

- Ohne EDV – Einsatz: *Steinbuch, P. A.:* Organisation, 4. Auflage, Ludwigshafen 1983
- Bei EDV – Einsatz: *Steinbuch, P. A.:* Software – Organisation, Bad Homburg v. d. H. 1981

Die Durchführung der gewählten Leistungsstufe für jedes Leistungspaket erfordert natürlich eine dauernde Kontrolle, ob die Ziele auch erreicht werden.
Die Zero-Base-Planung ist eine Methode, die sowohl für das Gesamtunternehmen, wie auch für Teilbereiche, also beispielsweise einzelner Funktionen, mit Erfolg zur Rezessionsbekämpfung eingesetzt werden kann.
Parallel zur Ausarbeitung der ausgewählten Stufen für die einzelnen Leistungspakete sind für

- die Mitarbeiter und
- den Leiter

die Planwerte auszuarbeiten und vorzugeben. Im Kapitel »V. C Verbessern Sie Ihre Mitarbeitermotivation« wird auf die Planvorgaben für die Mitarbeiter, also auf den Einsatz von determinierenden Motivatoren, eingegangen.

E. Erarbeiten Sie zielgerecht Ihre Maßnahmen

Maßnahmen, um wieder in die Gewinnzone zu kommen oder um die Gewinne wieder deutlich zu erhöhen, liegen nicht auf der Straße. Sie müssen erkannt, ausgearbeitet und durchgeführt werden. Nur die vorgegebenen Ziele vor Augen zu haben, genügt nicht. Es müssen wirksame Maßnahmen durchgeführt werden, um diese Ziele zu erreichen.
Oftmals wird der Fehler gemacht, daß man sich auf die Zielvorgabe an die leitenden Mitarbeiter beschränkt. Man geht davon aus, daß die Mitarbeiter Fachleute sind, die wissen, was sie zu tun haben, um die Ziele zu erreichen. Das ist zweifelsohne nicht falsch, jedoch wird dabei vergessen, daß die Einzelziele in ein Gesamtzielsystem eingebettet sind. Genauso müssen die Maßnahmen integriert, aufeinander abgestimmt und wohl geplant durchgeführt werden. Deswegen ist es notwendig, die Maßnahmendurchführung fundiert zu erarbeiten und erfolgversprechend zu verwirklichen.

(1)Maßnahmenermittlung
Zunächst gilt es, Maßnahmen zu ermitteln, mit welchen die Zielvorgaben erreicht werden können:

- Welche Strategien sollten benutzt werden?
- Welche Taktiken empfehlen sich zur Zielannäherung?
- Welche Aktionen sollten gestartet werden?
- Welche der bisherigen Methoden sollten beibehalten und welche durch bessere Methoden abgelöst werden?
- Welche strukturellen Änderungen sind zur Zielerreichung erforderlich?
- Welche Techniken lassen größere Erfolge erwarten?
- Welche Schwerpunkte sollen gebildet werden?
- Welche Probleme müssen zur Erreichung der Zielvorgaben gelöst werden?

Um diese und ähnliche Fragen beantworten zu können, ist es als erstes notwendig zu ermitteln, welche Maßnahmen zur Zielerreichung sich anbieten, zur Verfügung stehen oder überhaupt erkannt werden:

- Systematischer Einsatz von anerkannten Maßnahmen wie Kostensenkung und Kooperation
- Verbesserung der erkannten Schwachstellen und Behebung der vorgefundenen Mängel
- Ausbau und Fortentwicklung der erkannten Stärken des Unternehmens
- Systematische Erarbeitung von Maßnahmen und Methoden, Techniken und Taktiken
- Nutzung der Fachkenntnisse und Erfahrungen der Mitarbeiter
- Beratung durch Fachleute und Fachunternehmen von Hochschulen und aus der Praxis
- Aktivierung des betrieblichen Vorschlagswesens
- Einsatz von Kreativitätstechniken zur Maßnahmenfindung
- Zwischenbetriebliche Fachgespräche und Erfahrungsaustausch
- Gesunder Menschenverstand und Intuition
- Besuch von Seminaren, Kongressen, Messen und Ausstellungen
- Auswertung von Fachbüchern und Fachartikeln
- Benutzung von solchen Maßnahmenkatalogen wie dieses Buch

Es gilt eine möglichst große Zahl von wirksamen Maßnahmen zu finden. Daß das Aufspüren von Maßnahmen keine Aufgabe zu einem bestimmten Stichtag ist, sondern daß fortwährend solche Maßnahmen gesucht werden müssen, liegt auf der Hand.

(2) Maßnahmenauswahl

Oftmals werden einige oder viele Maßnahmen ermittelt, um Rezession oder Stagnation zu überwinden. Die Mittel zur Maßnahmendurchführung sind jedoch begrenzt:

- Kapazität der Mitarbeiter
- Finanzielle Mittel
- Einsatz von Spezialisten

Deswegen ist es in der Regel nicht möglich, alle Maßnahmen auszuarbeiten und durchzuführen. Es sind deswegen die wirksamen Maßnahmen von den weniger effizienten Maßnahmen zu trennen und sich für die durchführbaren, relativ wirksameren Maßnahmen zu entscheiden.

Diese Entscheidung sollte auf Grund einer Kosten – Nutzen – Analyse getroffen werden. Dem Nutzen, den die Maßnahme zu erbringen verspricht, werden die Kosten, die zur Durchführung der Maßnahme anfallen, gegenübergestellt und beide Einflußfaktoren miteinander verglichen:

Kosten – Nutzen – Analyse			
Beispiel: Beteiligung an Gemeinschaftsversandkatalog			
Kosten	DM	Nutzen	DM
Gestaltung von zwei Katalogseiten	3.500	Erlös	320.000
Beteiligungsgebühr	15.000	Kostenminderung durch erhöhte Kapazitätsauslastung	10.000
Herstellkosten	220.000		
Verpackungskosten	17.000		
Frachtkosten	22.000		
Sonstige Kosten	5.500		
Summe	263.000		330.000

Daß es sich dabei nur um sehr grobe Kosten – Nutzen – Schätzungen handeln kann und sollte, ist verständlich. Es ist aber auch nicht notwendig, hier genauere Ergebnisse zu erhalten, denn diese Kosten – Nutzen – Analysen dienen nur zum Vergleich von konkurrierenden Maßnahmen. Wenn alle Analysen in gleicher Weise grob durchgeführt werden, sind die Ergebnisse für die erforderliche Entscheidung vergleichbar.
Zur Entscheidung, ob eine Maßnahme durchgeführt werden soll, oder ob auf sie verzichtet wird, können jedoch nicht nur die Ergebnisse der Kosten – Nutzen – Analyse herangezogen werden.
Zeitpunkt und Zeitdauer der Maßnahmenwirkung müssen bei der Entscheidung berücksichtigt werden. Die Flaute wirkt sich jetzt und in den nächsten Monaten aus. Die Maßnahmen nützen oftmals nichts mehr, wenn sie erst in Monaten oder gar in Jahren zum Tragen kommen. Deswegen muß man Maßnahmen, die sofort oder kurzfristig wirksam werden, solchen Maßnahmen vorziehen, die erst später oder gar nur langfristig wirken:

Maßnahmenliste	
I. Im laufenden Quartal wirksame Maßnahmen.	
Strukturbereinigung	25.000
Verkaufsaktion C3F	22.000
Sofort wirkende Kostensenkungen	20.500
.	.
.	.
.	.
II. Im nachfolgenden Quartal wirksame Maßnahmen.	
Wirkungen der im vorherigen Quartal eingeleiteten Maßnahmen	80.000
Beteiligung am Gemeinschaftsversandkatalog	38.000
Kooperationsmaßnahmen I und II	32.000
Fertigungsprojekt A	28.000
.	.
.	.
.	.
III. Im übernächsten Quartal wirksame Maßnahmen	

Die Maßnahmenliste ist zunächst eine Tabelle alternativer Maßnahmen. Nach ihrer Verabschiedung ist sie das Aktionsprogramm zur Rezessionsbekämpfung.

(3) Maßnahmenausarbeitung

Bevor man eine Maßnahme durchführt, ist es in der Regel notwendig, diese Maßnahme auszuarbeiten. Maßnahmendurchführung und -ausarbeitung müssen unterschieden werden.

Die Ausarbeitung von Maßnahmen kann beispielsweise solche Aufgaben umfassen wie:

- Entwicklung eines rezessionsbezogenen Prämiensystems für die Außendienstmitarbeiter
- Gestaltung und Druck einer Plakatserie zur regionalen Außenwerbung
- Ausarbeitung eines Programmes zur Tourenoptimierung bei den Verkaufsfahrern
- Auslegung und Vorbereitung der ABC-Disposition im Bereich der Rohstoffe

- Ermittlung der unternehmensoptimalen Maschine zur Beseitigung eines Engpasses
- Suche eines oder mehrerer Kooperationspartnern für die Nutzung gemeinsamer Auslieferungslager
- Planung einer neuartigen Aufbauorganisation mit Einsparung einer Hierarchieebene
- Make-or-buy-Analysen zur Verminderung der Fertigungsstufen
- Vorbereitung von regelmäßigen Liquiditätsplanungen
- Ausarbeitung eines Leistungsentlohnungssystems für Terminalarbeiten

Die Ausarbeitung von Maßnahmen erfordert in der Regel die Erledigung einer ganzen Reihe von Aufgaben. Vornehmlich folgende Aufgaben sind dabei zu lösen:

- Ausarbeitung des Maßnahmeninhaltes
- Bestimmung der Vorgehensweise
- Feststellung und Bereitstellung der erforderlichen Hilfsmittel
- Erarbeitung flankierender Maßnahmen
- Festlegung der Einsatzgebiete der Maßnahmen
- Definition des Einführungszeitpunktes
- Erstellung von Durchführungshilfen
- Vorbereitung von Kontrolleinrichtungen zur Erfolgsermittlung

Sollte es sich bei der Ausarbeitung einer Maßnahme zeigen, daß sie weniger wirksam sein wird, wie erwartet, oder daß sie nur unter anderen Bedingungen durchgeführt werden kann, als bei der Entscheidung über diese Maßnahme angenommen wurde, so muß nochmals über diese Maßnahme entschieden werden. In der Rezession kann man es sich nicht leisten, unwirksame Maßnahmen durchzuführen.

(4) Maßnahmendurchführung

Die ausgearbeiteten Maßnahmen müssen im Unternehmen oder auf den Märkten eingeführt und durchgesetzt werden. Auch dazu müssen häufig wieder eine Vielzahl von Aufgaben erledigt werden, so beispielsweise

- Information, Motivation und Schulung der beteiligten Mitarbeiter
- Angebote an die Stammkunden
- Vertragsabschlüsse mit Kunden- und Lieferanten
- Stellen von Anträgen und Vergabe von Aufträgen

- Einführung von Terminals und Dialogprogrammen
- Einsatz arbeitssparender Formulare
- Umsetzung von Mitarbeitern
- Änderung der Aufbauorganisation des Unternehmens

Für die Maßnahmendurchführung ist es von besonderer Bedeutung, daß jeder Mitarbeiter weiß, wie wichtig die Durchführung der Maßnahme oder der Maßnahmen ist, um die Stagnation zu überstehen. Außerdem muß ein bestimmter Mitarbeiter jede Maßnahmendurchführung leiten und auch für sie verantwortlich sein.
Selbstverständlich hängt der Erfolg von Maßnahmen nicht nur von der Wirksamkeit und der Erfolgsträchtigkeit des Maßnahmeninhaltes ab, sondern in gleicher oder noch bedeutsamerer Weise von ihrer Durchführung. Hervorragende und hocheffiziente Maßnahmen zeigten oftmals deswegen keinen Erfolg, weil ihre Durchführung mangelhaft war:

- Mangelnde Motivation und Identifikation der Mitarbeiter
- Fehlende oder verfälschende Informationen über die Maßnahmen
- Voreingenommenheit und Ressortdenken bei der Durchführung
- Planungs- und Durchführungsfehler
- Hintenanstellung von wichtigen Maßnahmen
- Überforderung von Mitarbeitern

Werden Mängel bei der Maßnahmendurchführung erkannt, so müssen dagegen unverzüglich Gegenmaßnahmen eingeleitet werden.

(5) Maßnahmenkontrolle
Die Erfolgskontrolle bei der Maßnahmendurchführung besteht natürlich in einem Vergleich zwischen

- den vorgegebenen Zielen und
- dem erreichten Ist.

Um einzelne Maßnahmen isoliert kontrollieren zu können, ist es oftmals notwendig, für sie besondere Sollvorgaben zu definieren.
Ein wesentlicher Punkt der Maßnahmenkontrolle wird immer das Maßnahmengespräch sein müssen. An ihm sind beteiligt:

- Maßnahmenverantwortlicher
- Vorgesetzter
- Zuständiges Geschäftsleitungsmitglied

- Wesentlich beteiligte Mitarbeiter

Das Gespräch sollte nicht mehr als 6 Teilnehmer umfassen.
Inhalt jedes Maßnahmengespräches sind:

- Bericht über den Stand der Maßnahmen
- Prüfung der Maßnahmenergebnisse
- Beurteilung dieser Ergebnisse
- Überlegung zur Maßnahmendurchführung wie Intensivierung, Beschleunigung, Ausweitung oder Einstellung

Maßnahmengespräche sollten monatlich durchgeführt werden, um damit sicherzustellen, daß für alle Beteiligten die Bedeutung der Maßnahme immer gegenwärtig ist.
Die Vielzahl der nachfolgend genannten Maßnahmen zur Überwindung der Rezession sind natürlich noch keine ausgearbeiteten und detailliert beschriebenen Vorgehensweisen. Sie müssen auf die individuellen Gegebenheiten jedes Unternehmens ausgerichtet und ausgearbeitet werden.

F. Vermeiden Sie zusätzliche Risiken

Stagnation und Rezession bedeuten, daß das Unternehmerrisiko erheblich steigt:

- Die Gewinne gehen zurück – es kommt zu Verlusten.
- Die Aufträge müssen härter erkämpf werden.
- Die Auslastung geht in der Regel zurück.
- Der Kreditrahmen läßt sich nur sehr schwer ausweiten.
- Nicht alle Arbeitsplätze können erhalten bleiben.

Um gegen die Auswirkungen der Flaute anzukämpfen, beginnt in manchen Unternehmen ein hektischer Aktionismus. Durch eine Reihe von unterschiedlichen Aktionen wird versucht, die Rezessionsauswirkungen auszugleichen:

- Neue Erzeugnisse werden auf den Markt geworfen.
- In bisher nicht beackerten Märkten wird versucht zu aquirieren.
- Neue Vertriebsformen werden zu benutzen begonnen.
- Neue Produktbereiche werden in Angriff genommen.

Untersuchungen haben gezeigt, daß bei einer Vielzahl von Konkursen in der Rezession der in der letzten Zeit davor herrschende, nervöse Aktionismus die Ursache für den Zusammenbruch war.
Dieser oft zu beobachtende Aktionismus hat mehrere Wirkungen:

- Es werden in erheblichem Umfang finanzielle Mittel benötigt, welche den etablierten Bereichen des Unternehmens entzogen werden.
- Das Management des Unternehmens wird überlastet – die durchzuführenden Aktionen drängen die anderen Hauptaufgaben in den Hintergrund.
- Der Vertrieb kommt zu keiner kontinuierlichen Arbeit. Er wird mit neuen Erzeugnissen, zusätzlichen Aktionsforderungen und schnell zu erledigenden Aufgaben bombardiert.
- Die Entwicklung und Konstruktion kommen nicht dazu, ihre neuen Erzeugnisse auszureifen.

Vor diesem Aktionismus kann nur gewarnt werden. Die Auswirkungen der Rezession dürfen natürlich auch nicht tatenlos und kontemplativ betrachtet werden, aber die gegen sie unternommenen Maßnahmen müssen wohlüberlegt, abgestimmt und wirkungsvoll sein. Sie dürfen den durch die Rezession gesetzten Risikorahmen nicht sprengen. Vor allem dürfen durch die rezessionsbekämpfenden Aktionen die etablierten Bereiche nicht geschwächt werden. Für jede Aktion zur Rezessionsbekämpfung sollte deswegen eine Risikoprüfung erfolgen:

Checklist: Risikoprüfung	ja	nein
Ist die Maßnahme ausgereift und sind Fehler und Planungsmängel soweit wie möglich ausgeschaltet?	□	□
Wurde eine Kosten – Nutzen – Analyse durchgeführt und ist das Ergebnis auch dann positiv, wenn die Erwartungen nur zum Teil eintreffen?	□	□
Wird der erwartete Nutzen kurzfristig, also im Lauf des nächsten Halbjahres erreicht?	□	□
Ist diese Aktion mit geplanten oder bereits angelaufenen Maßnahmen abgestimmt?	□	□
Ist sichergestellt, daß andere Anstrengungen durch diese Maßnahme nicht unterlaufen oder negativ beeinflußt werden?	□	□
Gibt es eine Terminplanung und können diese Termine in allen Teilen auch eingehalten werden?	□	□
Können Management und Mitarbeiter diese Aktion ohne zu große Überlastung durchführen?	□	□
Werden für diese Maßnahme hinreichend qualifizierte Mitarbeiter eingesetzt?	□	□
Wurden die Mitarbeiter über die Notwendigkeit dieser Aktion informiert und über das Erfolgserfordernis hinreichend motiviert?	□	□
Welche Auswirkungen ergeben sich, wenn die Maßnahme ein Fehlschlag wird?	□	□

Besonders riskant ist in der Rezession der Versuch, durch eine Diversifikation die Unternehmensrisiken generell zu senken. Die Aufnahme neuer Produktbereiche birgt in sich eine Vielzahl von Wagnissen, die in der Rezession nicht nur oftmals nicht übersehen werden können, sondern die Diversifikationsbemühungen häufig zu einem Fehlschlag werden lassen:

- Know – how für Entwicklung und Fertigung ist oft mangelhaft.
- Marktkenntnisse sind nur bedingt vorhanden.
- Wettbewerbsunternehmen haben durch ihre Marktstellung erhebliche Vorteile.

- Hohe finanzielle Mittel sind erforderlich.
- Aufgaben des Managements und der Mitarbeiter auf wichtigen Gebieten müssen vernachläßigt werden.

Deswegen sollte in der Rezession auf Diversifikationen verzichtet werden. Diese Art der Unternehmenssicherung kann nur in Zeiten der Konjunktur in Angriff genommen werden.
In der Rezession gilt es, um die Risiken in einem überschaubaren Rahmen zu halten,

- die Bemühungen auf bekannten Tätigkeitsgebieten zu verstärken;
- nur solche Maßnahmen und Aktionen durchzuführen, welche sich auf Bereiche beziehen, in welchen das Unternehmen eingeführt ist;
- den finanziellen Rahmen genau einzuhalten;
- die Mitarbeiter nicht zu überlasten, so daß sie andere wesentliche Aufgaben vernachlässigen oder gar ganz auf wesentliche Bearbeitungen verzichten;
- das Image des Unternehmens nicht durch Mißerfolge zu verschlechtern.

Eine Ausnahme von dem Verzicht auf Diversifikationen in der Rezession sollte jedoch gemacht werden. Ist es möglich zu günstigen Bedingungen ein gesundes Unternehmen zu erwerben, das die eigenen Ressourcen verstärkt und eine Diversifikation bedingt, so sollte, wenn die eigenen Mittel nicht überansprucht werden, eine genaue Prüfung vorgenommen und bei positivem Ergebnis zugegriffen werden.

G. Überprüfen Sie Ihre Kontrollinstrumente

»Vertrauen ist gut – Kontrolle ist besser!« – Diese Volksweisheit gilt besonders in der Rezession. In dieser Wirtschaftslage können Einflüsse, die in der Wachstumsphase unwesentlich gewesen waren, dem Unternehmen gefährlich werden, wenn sie nicht rechtzeitig erkannt werden. Nur bei frühzeitigem Erkennen von Gefahren ist genügend Zeit vorhanden, um Abwehrmaßnahmen zu ergreifen.
Durch eine Rezession ändert sich einiges:

- Nicht mehr der Höhe des Gewinns, sondern dem Vermeiden eines Verlustes gilt das primäre Bemühen.
- Die Zahl der Probleme hat sich vergrößert und die Probleme sind bedeutsamer geworden.
- Die Schwerpunkte der Unternehmer- und Manageraufgaben haben sich verändert.
- Die Gefahren und Risiken für das Unternehmen sind erheblich größer geworden.

Das muß sich auch auf die Kontrolle des Unternehmens auswirken, denn es sind in der Rezession andere Faktoren besonders bedeutsam und damit intensiv zu kontrollieren als in der Konjunktur. In konjunkturell guter Wirtschaftslage stehen solche Faktoren im Mittelpunkt der Kontrolle wie beispielsweise:

- Ausstoß,
- Fluktuation,
- Krankenstand,
- Offene Arbeitsplätze,
- Rückstände,
- Termineinhaltung,
- Überstunden.

Stagnation und Rezession verlangen, daß wesentliche Änderungen im Kontrollinstrumentarium vorgenommen werden. Diese Änderungen sollten durch mehrere Regeln bestimmt sein!

Kontrollregeln

1. Überprüfen Sie rezessionsbezogen Ihre Kontrollinhalte.
   Definieren Sie die Kontrollinhalte neu unter Einbeziehung der rezessionsbeeinflußten Merkmale. Dazu zählen vornehmlich
   - Auftragseingang und -bestand,
   - Kostenanfall,
   - Lagerbestand und -veränderung,
   - Liquidität,
   - Rechnungsausgang,
   - Zahlungsein- und -ausgang.

2. Definieren Sie für jeden Kontrollinhalt, in welcher Frequenz Sie die Istwerte benötigen:
   - täglich
   - wöchentlich
   - dekadisch
   - monatlich
   - quartalsmäßig

3. Legen Sie fest, in welcher Art die Istwerte benötigt werden:
   - Inhalt der Istwerte
     - Tageswerte
     - Wochenwerte
     - Dekadenwerte
     - Monatswerte
   - Darstellungsart der Istwerte
     - Absolutwerte
     - Relativwerte in %
     - Kumulationswerte

4. Definieren Sie, ob zu den Istwerten auch Vergleichswerte ausgewiesen werden sollen:
   - Planwerte
   - Sollvorgaben
   - Vergangenheitswerte
   - Betriebsvergleichszahlen
   - Branchenmittelwerte

5. Sorgen Sie dafür, daß die genannten Werte aktuell sind, so beispielsweise
   - Tageswerte am nachfolgenden Arbeitstag um 10.00 Uhr
   - Wochenwerte am nachfolgenden Montag um 14.00 Uhr
   - Monatswerte am 3. Arbeitstag des folgenden Monats
   - Quartalswerte 5 Arbeitstage nach Quartalsende

6. Da die Ermittlung aktueller Werte arbeitsaufwendig ist, sollten Sie sich auf wenige Kontrollmerkmale beschränken.

Die Berichtswerte zur aktuellen Kontrolle müssen natürlich für die einzelnen Funktionen aufeinander abgestimmt sein, damit nicht Doppelarbeit auftritt.
Mit abgestimmten Kontrollplänen für die leitenden Mitarbeiter kann ein wirksames Instrument geschaffen werden, das sofort Rezessionsauswirkungen signalisiert und aufzeigt, wenn zusätzliche Maßnahmen ergriffen werden müssen.
Ein Tagesbericht kann beispielsweise folgenden Inhalt haben:

Tagesbericht TT.MM.JJ						
Merkmal	Tageswert			Kumulierter Monatswert		
	Ist DM	Soll DM	Abw. %	Ist DM	Soll DM	Abw. %
Auftragseingang						
Auftragsbestand						
Ausstoß						
Rechnungsausgang						
Zahlungseingang						
Obligo						

Auf die tägliche Kontrolle von einigen Eckwerten sollte keinesfalls verzichtet werden. Daneben müssen alle wesentlichen Unternehmenskennzahlen zumindest einmal im Monat einer Kontrolle unterzogen werden.
Ein Monatsbericht kann zum Beispiel den folgenden Aufbau haben (s. Seite 53).

Aus den Ergebnissen der Berichte,

- Tagesberichte
- Wochenberichte
- Monatsberichte
- Quartalsberichte

Monatsbericht MM.JJ						
Merkmal	Monatswert			Kumul. Jahreswert		
	Ist DM	Soll DM	Abw. %	Ist DM	Soll DM	Abw. %
Auftragseingang						
Auftragsbestand						
Ausstoß						
Kostenanfall						
Beeinflußbare Kosten						
Personalkosten						
Materialkosten						
Lagerbestand						
Lagerveränderung						
Personalbestand						
Personalveränderung						
Rechnungsausgang						
Obligo						
Zahlungseingang						
Zahlungsausgang						
Zahlungsmittelbestand						

müssen natürlich auch Konsequenzen gezogen werden. Das kann in folgenden Schritten erfolgen:

1. Analyse der Abweichungen

Zumindest die negativen Abweichungen müssen, wenn sie einen gewissen Prozentsatz überschreiten, analysiert werden:

- In welchen Bereichen liegen die Abweichungen?
- Welche Ursachen sind für die Abweichungen gegeben?
- Pflanzen diese Abweichungen sich fort?
- Welche Auswirkungen haben diese Abweichungen?

2. Erarbeitung von Maßnahmen

Zur Egalisierung der Abweichungen müssen Maßnahmen durchgeführt werden. Diese Maßnahmen müssen ermittelt und ausgearbeitet werden.

3. Durchführung der Maßnahmen

Mit der Maßnahmendurchführung müssen die Abweichungen wieder aus den Berichten verschwinden.

H. Sorgen Sie vor

»Problem erkannt – Gefahr gebannt!« Diese Volksweisheit ist sicher so nicht richtig! Aber den bekannten Kern an Weisheit hat sie zweifelsohne.
Mit dem Fortgang der Rezession und auch beim Anziehen der Konjunktur kommen auf jedes Unternehmen weitere Probleme zu, welche gelöst werden müssen, um erfolgreich zu sein.
Werden die auftretenden Probleme schon erkannt, bevor sie wirksam werden, so entstehen dadurch erhebliche Vorteile:

- Das Auftreten der Probleme kann zu verhindern versucht werden.
- Die Auswirkungen des entstehenden Problems zu dämpfen kann angestrebt werden.
- Zur Lösung des Problems oder von Teilen des Problems können Maßnahmen vorbereitet werden.
- Eine Ausweitung des Problems kann verhindert werden.

Grundsätzlich kann die Sensibilität der Mitarbeiter gegenüber Problemen erhöht werden, wenn sie im Hinblick auf ein Problem vorgewarnt sind.
Deswegen empfiehlt es sich zu überlegen, welche Probleme im Rahmen der Wirtschaftslage in der nächsten Zukunft auftreten können. Da die Rezession gekennzeichnet ist durch das verstärkte Auftreten von Problemen, genügt es jedoch dabei nicht nur zu erkennen, was zu einem Problem werden könnte, sondern es ist auch notwendig die Spreu vom Weizen im Hinblick auf die entstehenden Probleme zu trennen. Es muß folglich versucht werden zu erkennen, welche Probleme bedeutsam und besonders schädigend werden können und welche Probleme nur geringe Auswirkungen haben werden.
Mit einer »Analyse voraussichtlicher Probleme« können beide Aufgaben gelöst werden. Bei dieser Methode geht man in mehreren Schritten vor:

1. Schritt: Ermittlung der Problembereiche
Zunächst gilt es diejenigen Bereiche des Unternehmens zu ermitteln, welche in der Rezession besonders problematisch für das Unternehmen sind oder werden können.

Generell sind das vornehmlich folgende Bereiche:

- Auftragseingang
- Aufwand
- Effizienz
- Erzeugnisse
- Kosten
- Kunden
- Lieferanten
- Liquidität
- Mitarbeiter
- Preise
- Umsatz
- Verkaufsprogramm

Es ist folglich zunächst auszumachen, in welchen Bereichen Schwierigkeiten in der nächsten Zukunft entstehen können.

2. Schritt: Ermittlung der voraussichtlichen Probleme
Jeder Bereich, der als problematisch erkannt wurde, ist nun dahingehend zu prüfen, worin die Probleme, die möglicherweise entstehen können, im Detail bestehen. Zum Beispiel kann das in einem Problembereich »Preise« eine Liste mehrerer Probleme sein:

- Erhebliche Preissenkungen des Wettbewerbs bei Erzeugnis A.
- Leasingverkauf des Wettbewerbsunternehmens X.
- Angebote von Billigwaren aus Fernost bei Erzeugnis Q.
- Bisher unübliche Rabatteinräumungen für das Produkt C.
- Zieleinräumung durch den Wettbewerber Y von 180 Tagen.

Um für jeden Problembereich zu den möglichen Problemen zu kommen, empfiehlt es sich gezielt einige Fragen zu stellen:

- Was kann sich in nächster Zukunft ändern?
- Welche Auswirkungen kann diese Änderung haben?
- Welche derzeitigen Probleme werden auch in der Zukunft wirksam sein?
- Welche Schwachstellen des Unternehmens können zu Problemen führen?
- Welche eingeleiteten Maßnahmen können mißlingen?

Zunächst sollten alle für die Zukunft erkannten Probleme aufgelistet werden. Das Ergebnis wird also eine ein- oder auch mehrseitige Aufstellung sein.

3. Schritt: Feststellung der Problembedeutung

Für jedes erkannte, in der nahen Zukunft vielleicht auftretende Problem, sind nun zwei Fragen zu beantworten:

- Welche Wahrscheinlichkeit gibt es für das Auftreten dieses Problems?

  Die Wahrscheinlichkeit sollte grob in drei Kategorien eingeteilt werden:

Hohe Wahrscheinlichkeit	– Wertung 3
Mittlere Wahrscheinlichkeit	– Wertung 2
Geringe Wahrscheinlichkeit	– Wertung 1

- Welche Auswirkungen wird jedes Problem voraussichtlich für das Unternehmen haben?

  Auch hier genügt eine grobe Einteilung in drei Gruppen:

Bedeutende Auswirkungen	– Wertung 3
Mittlere Auswirkungen	– Wertung 2
Geringe Auswirkungen	– Wertung 1

Durch Addition der Wertungen für die Problemwahrscheinlichkeit und die Problemauswirkungen ergibt sich rechnerisch die Problembedeutung:

Analyse voraussichtlicher Probleme			
Voraussichtliche Probleme Problembereich: Preise	Problemwahr-scheinlich-keit	Problem-aus-wirkung	Bedeu-tungs-wert
Preissenkungen bei Erzeugnis A	2	1	3
Leasingverkauf durch den Wettbewerber X	1	3	4
Billigangebote aus Fernost bei Erzeugnis Q	3	3	6
Unübliche Rabatteinräumung bei Produkt C	3	2	5
Erhebliche Zieleinräumung durch den Wettbewerber Y	1	1	2

Hohe Bedeutungswerte weisen besonders kritische Probleme aus.

4. Schritt: Entwicklung von Maßnahmen
Es empfiehlt sich die erkannten, voraussichtlichen Probleme nach ihrer Bedeutung zu sortieren. Die entstehende Liste ist der Ausgangspunkt für die Entwicklung von Maßnahmen:

Voraussichtliche Probleme in naher Zukunft
Problembedeutung 6: Erheblicher Auftragsschwund im Produktbereich II wegen eines neuen Erzeugnisses vom Wettbewerber Z. Liquiditätsengpaß im III. Quartal des Jahres durch Kreditfälligkeiten. Billigangebote aus Fernost bei Erzeugnis Q. Vergleichs- oder Konkursverfahren bei dem Großkunden V. Umsatzverminderung um ca. 20 % im III. Quartal. **Problembedeutung 5:** Unübliche Rabatteinräumung bei Produkt C . . . .

Für die Probleme mit erheblicher Problembedeutung sind nun Maßnahmen auszuarbeiten. Diese Maßnahmen müssen in zwei Gruppen eingeteilt werden:

- Maßnahmen, die auch sofort durchgeführt werden sollen, weil die Problemwahrscheinlichkeit hoch ist oder weil dadurch das Auftreten des Problems verhindert oder vermindert werden kann.
- Schubladenmaßnahmen, die zunächst nur ermittelt und ausgearbeitet werden, dann aber in der »Schublade« verschwinden. Sie werden hervorgeholt und durchgeführt, wenn das erwartete Problem tatsächlich auftritt. Hier handelt es sich folglich um einen Notfallplan.

Zur Anwendung dieser Methode der »Analyse voraussichtlicher Probleme« empfiehlt es sich eine eintägige Klausurtagung durchzuführen, zu der alle leitenden Mitarbeiter des Unternehmens eingeladen werden. Der Teilnehmerkreis sollte aber 12 hochkarätige Mitarbeiter nicht überschreiten. In der Einladung werden die Teilnehmer gebeten,

- mögliche zukünftige Probleme zu überlegen und
- mit ihren Mitarbeitern erwartbare Probleme zu prognostizieren.

Für die Klausurtagung ist der nachfolgende Terminplan zweckmäßig:

Terminplan	
Klausurtagung »Voraussichtliche Probleme«	
9.00 Uhr:	Begrüßung durch den Vorsitzenden
9.05 Uhr:	Ermittlung der Problembereiche
9.15 Uhr:	Erarbeitung der Liste »Voraussichtliche Probleme« mit ausführlicher Diskussion
Anschließend:	Mittagessen
13.00 Uhr:	Feststellung der Problembedeutung
14.00 Uhr:	Maßnahmenermittlung zu den bedeutsamen Problemen mit ausführlicher Diskussion
Open end	

Selbstverständlich können hier nur Ansatzpunkte für Maßnahmen ermittelt werden. Die erkannten Maßnahmen müssen noch ergänzt werden. Vor allem müssen sie in den folgenden Tagen im Detail geprüft und ausgearbeitet werden. In einer abschließenden, jedoch nur kurzen Sitzung, sind die ausgearbeiteten Maßnahmen zu verabschieden und entweder durchzuführen oder für den Problemfall zu konservieren.

III. Strukturelle Maßnahmen

Nur mit wirksamen Initiativen kann erfolgreich gegen die Auswirkungen der Flaute angegangen werden. Auf bessere Tage zu warten, ist keine Lösung. Dazu sind nicht zuletzt strukturelle Maßnahmen erforderlich, die parallel zu den operativen Aktivitäten und Aktionen durchgeführt werden müssen, um die Basis für die Rezessionsbekämpfung zu sichern.
Strukturbereinigungen und -verbesserungen sind insbesondere dort vorzunehmen, wo die Rezessionsauswirkungen in erster Linie gefährlich werden können:

- Eigenkapital
- Liquidität
- Organisation
- Ausgaben
- Kosten

Grundsätzlich gehört dazu auch, daß das Unternehmen vom Konjunkturmüll befreit, also entrümpelt wird und auch überlegt wird, ob nicht durch expansive Maßnahmen der Kampf gegen die Flaute besser bestanden werden kann.

A. Stärken Sie jetzt Ihre Eigenkapitalbasis

Der zweite Teil jeder Rezession ist gekennzeichnet durch einige charakteristische Merkmale des Kapital- und Geldmarktes:

- Um die Konjunktur anzukurbeln, hat die Bundesbank die Zinsen auf ein möglichst niedriges Niveau gedrückt.
- Kapitalanlagen in Anleihen, Obligationen, Hypotheken bringen damit nur eine geringe Verzinsung.
- Da der Preis für Kredite niedrig ist, suchen Kapitalanleger andere Anlagemöglichkeiten.

Die Chancen, zusätzliches Eigenkapital zu bekommen, sind deswegen gut, auch wenn die Zukunftsaussichten noch negativ beurteilt werden. Die Risiken der herrschenden Flaute erfordern andererseits aber auch eine Minderung der Kredite, um auch bei weiterem Andauern der Rezession diese zu überstehen:

- Sicherung der Liquidität
- Ausgleich der andauernden Rezessionsgefahren
- Verminderung der Zinsbelastung
- Gewinnung eines größeren Kreditrahmens
- Erlangung einer höheren finanziellen Flexibilität

Die Rentabilität des Unternehmens sinkt natürlich durch eine Eigenkapitalerhöhung, wenn die Gewinne nicht entsprechend erhöht werden können. Jedoch sollte in der Rezession dem Sicherheitsmoment erhöhte Bedeutung vor der Renditebetrachtung eingeräumt werden.
Deswegen muß in dieser Rezessionsphase nachhaltig geprüft werden, ob und in welcher Weise die Eigenkapitalbasis gestärkt werden kann.
Das muß jedoch vorsichtig geschehen. Das Bekanntwerden solcher Überlegungen kann bewirken, daß an der Solvenz des Unternehmens gezweifelt wird. Solche Zweifel können bekanntlich auf Banken und Lieferanten sehr negative Auswirkungen haben.

(1) Klassische Methoden der Kapitalerhöhung

Zusätzliches Eigenkapital kann bei Personengesellschaften auf zwei Arten erlangt werden:

- Zusätzliche Kapitaleinlage des bisherigen Gesellschafters
- Gewinnung neuer Gesellschafter

Aktiengesellschaften, die auch in der Rezession Gewinne machen, haben es da leichter. Sie können neue Aktien ausgeben. In Zeiten niedriger Zinsen ist das in der Regel problemlos.
Durch Umwandlung in eine Aktiengesellschaft und Zulassung zur Börse kann diese Möglichkeit der Eigenkapitalvergrößerung ebenfalls genutzt werden. Dazu sind neben den Anforderungen zur Gründung einer AG die Zulassungsvoraussetzungen zur Börseneinführung erforderlich:

- Aktiennennwert mindestens 500.000 DM
- Gewinne in den letzten Jahren
- Aktienzahl muß eine »ordnungsgemäße Kursfeststellung« gewährleisten
- Eine Umwandlung in eine AG sollte vor mindestens einem Jahr erfolgt sein

Daneben kann durch die Genehmigung einer Kapitalerhöhung bei der Aktiengesellschaft ohne unmittelbare Aktienausgabe oder durch eine nur nominelle Erhöhung des Stammkapitals bei einer GmbH eine indirekte Stärkung der Eigenkapitalbasis erreicht werden. Durch solche nur nominelle, aber nicht substantielle Kapitalerhöhung ergeben sich mehrere Vorteile:

- Erhöhung der Kreditfähigkeit
- Erweiterung der Haftung
- Verbreiterung der Bindungen an das Unternehmen

Eine Kapitalerhöhung aus Eigenmitteln, also eine Selbstfinanzierung, empfiehlt sich in dieser Konjunkturphase weniger.

(2) Eigenkapitalstärkung durch betriebliche Altersversorgung

Es muß nicht immer »Eigenkapital« im klassischen Wortsinn sein. Auch mit Quasi-Eigenkapital kann die Kapitalbasis erweitert werden. Das kann beispielsweise durch die Einrichtung einer betrieblichen Altersversorgung erfolgen.

Da es sich dabei gleichzeitig um eine Verbesserung der Sozialleistungen an die Mitarbeiter handelt, die steuerlich erheblich gefördert werden, besitzt diese Methode nicht nur einen, sondern mehrere Vorteile:

- Schaffung von Pensionsrückstellungen für die spätere Rentenzahlungen stärken die Kapitalseite.
- Steuerlicher Abzug der Pensionsrückstellungen als Betriebsausgaben mindern die Steuern.
- Die für andersartige Altersversorgungen erforderlichen Zahlungen unterbleiben und die Liquidität wird verbessert.
- Die mit den Rückstellungen erzielten Gewinne vermindern den Aufwand für die späteren Pensionszahlungen.
- Das soziale Image des Unternehmens verbessert sich in den Augen der Mitarbeiter erheblich. Die Mitarbeiter identifizieren sich stärker mit dem Unternehmen.

Natürlich gibt es keine Rose ohne Dornen. Durch die vertragliche Altersversorgung des Unternehmens für alle oder einzelne Mitarbeiter entsteht ein zeitlich unbegrenzter Rentenanspruch der Mitarbeiter. Diese Forderungen können jedoch relativiert werden:

- Anspruchsumfang der Altersversorgung wird vom zukünftigen Gewinn abhängig gemacht.
- Die höchstrichterliche Forderung der Anpassung der laufenden Rentenzahlungen an die Lebenshaltungskosten gelten nicht, wenn das Unternehmen in einer wirtschaftlichen schwierigen Lage steckt.

Zur Einführung einer betrieblichen Direktaltersversorgung in Form einer Pensionszusage an die Mitarbeiter mit den aufgezeigten Vor- und Nachteilen ist eine Betriebsvereinbarung mit dem Betriebsrat erforderlich.

Besonders interessant zur Verbesserung der Eigenkapitalbasis ist eine Rückstellung für die Mitarbeiter dadurch, daß beispielsweise übertarifliche Gehalts- und Lohnerhöhungen unterbleiben und dafür die Pensionszusage erhöht wird. Dadurch können die Lohnkosten gemindert werden, wenn darüber Einverständnis erzielt werden kann. Da die gesetzliche Rentenversicherung einen immer geringeren Anteil der Altersversorgung der Mitarbeiter abdeckt, kann dadurch die Alterssicherung wesentlich verbessert werden. Werden die Mitarbeiter darüber hinreichend informiert und aufgeklärt, so werden diese Vorteile erkannt und wahrgenommen.

Die betriebliche Altersversorgung ist natürlich ein »Wechsel auf die Zukunft«. Die Vorteile, welche für die Rezessionsüberwindung erlangt werden, wie die Gewinnung von Quasi-Eigenkapital und eine Minderung der Steuern, werden mit Anspruchsrechten in der Zukunft erkauft. Es ist sehr genau zu überlegen, welche zukünftigen Ansprüche das Unternehmen auf sich nehmen will. Die Rezession dauert wohl nicht endlos, aber allein auf die nächste Hochkonjunktur zu bauen, ist risikoreich.

(3) Kapital durch Mitarbeiterbeteiligung

Jeder Mitarbeiter hat üblicherweise Interesse, daß das arbeitgebende Unternehmen die Rezession gut übersteht. Deswegen würden die Mitarbeiter manchmal gerne dem Unternehmen einen Teil ihrer Ersparnisse überlassen, wenn wie dazu eingeladen würden.

Hinzu kommt, daß ein Mitarbeiter, der in irgendeiner Form am Unternehmen beteiligt ist, gleichgültig ob als Kredit- oder Eigenkapitalgeber, ein besserer Mitarbeiter ist:

- Höhere Motivation
- Geringere Fluktuation
- Größere Leistung

Durch eine Mitarbeiterbeteiligung werden deswegen mehrere Vorteile gleichzeitig erreicht. Durch eine geeignete rechtliche Konstruktion der Beteiligung der Mitarbeiter können die damit einhergehenden Nachteile teilweise gemindert werden:

- Belegschaftsbeteiligungsaktien bei Aktiengesellschaften
- Beteiligungs-GmbH der Mitarbeiter

- Beteiligung der Mitarbeiter als stille Gesellschafter
- Genußscheine für die Mitarbeiter, welche eine Erfolgsbeteiligung enthalten und unter den Mitarbeitern frei übertragbar sind
- Kreditgewährung mit Schuldscheinen

Eine direkte Beteiligung der Mitarbeiter am Unternehmen wurde bisher selten gewählt.
Natürlich ist die Mitarbeiterbeteiligung nicht unproblematisch. Erfolgt die Mitarbeiterbeteiligung in Kreditform, so wird das Interesse der Mitarbeiter an einer freiwilligen Beteiligung in der Flaute nur dann hinreichend groß sein, wenn eine Mindestverzinsung garantiert wird. Erfolgt dagegen eine echte Beteiligung der Mitarbeiter am Unternehmen in einer der genannten Formen oder auch in anderen rechtlichen Konstruktionen, so bedingt das zumindest ein Einsichtsrecht der Mitarbeiter in die Bücher. Für viele Unternehmen werden die aus der Beteiligung abgeleiteten Rechte Grund sein, auch in der Rezession auf diese Art der Finanzierung zu verzichten.
Es hat sich in der Vergangenheit gezeigt, daß das Interesse der Mitarbeiterbeteiligung am Unternehmenskapital durch die Mitarbeiter, wesentlich von den Wechselmöglichkeiten des Arbeitgebers abhängt:

- In Großstädten mit einem umfangreichen Arbeitsplatzangebot ist das Interesse auch in der Rezession nicht allzu groß.
- Auf dem flachen Land ohne Arbeitsplatzalternativen sind die Mitarbeiter gerne zu einer Kapitalbeteiligung bereit.

Sollte der Gesetzgeber durch ein entsprechendes Gesetz die Arbeitnehmerbeteiligung am Unternehmen erleichtern, so würden dadurch zusätzliche Anreize für diese Form der Eigenkapitalbeschaffung gegeben. So könnte beispielsweise das 624-Mark-Gesetz für diese Art der Eigentumsbildung in Arbeitnehmerhand zugelassen werden.

(4) Auch »exotische« Möglichkeiten sollten geprüft werden

Wird kein Eigenkapitalgeber zur Erweiterung der Eigenkapitalbasis gefunden oder sind die offerierten Bedingungen dazu uninteressant, so kann versucht werden, über besondere Einrichtungen zur Eigenkapitalbeschaffung dieses zu erlangen. Voraussetzung dafür ist jedoch, daß es

sich bei diesem Kapitalbedarf nicht um eine offene oder versteckte Sanierung handeln darf.
Eigenkapital bieten beispielsweise an:

- Deutsche Wagnisfinanzierungs Gesellschaft mbH in Frankfurt für Risikokapital.
- Venture-Kapitalgesellschaften des Auslandes, vornehmlich der USA.
- Mehrere Beteiligungsgesellschaften, die häufig Töchter von Banken sind.
- Mittelständische Beteiligungsgesellschaften in einigen Bundesländern.

Die Voraussetzungen und Bedingungen für die Erlangung von Eigenkapital durch diese Unternehmen sind sehr unterschiedlich. Sie sollten im Detail geprüft werden.

B. Bewahren Sie Ihre Liquidität

Konkurse haben hauptsächlich zwei Gründe:

- Überschuldung
- Zahlungsunfähigkeit

Eine Reihe namhafter deutscher Unternehmen, angefangen in der Nachkriegszeit mit der Borgward AG, mußte nicht deswegen Konkursantrag stellen, weil das Unternehmen überschuldet war, sondern weil es zu einem bestimmten Zeitpunkt seinen Zahlungsverpflichtungen nicht mehr nachkommen konnte. Die Vermögenswerte sind nicht so schnell zu verflüssigen, wie die Zahlungen erfolgen müssen.
Die Zahlungsfähigkeit gewinnt in der Rezession besondere Bedeutung:

- Die Zahlungsmoral der Schuldner wird schlechter.
- Die mittlere Dauer bis zum Zahlungseingang wird länger.
- Die Banken verschärfen ihre Kreditbedingungen.
- Durch Konkurse von Kunden gibt es Zahlungsausfälle.

Das bedeutet, daß in der Rezession die Liquidität besonders überwacht werden muß:

- Zusätzliche Risiken sind abzudecken.
- Das Zahlungsimage des Unternehmens darf nicht geschädigt werden.
- Rezessionsbedingte Zahlungsprobleme sind zu lösen.

Die Sicherung der Liquidität hat in der Flaute die höchste Priorität für das Unternehmen. Allen anderen Faktoren muß dabei ein geringerer Rang eingeräumt werden. Die Liquidität ist in jedem Fall, jedoch nicht um jeden Preis, zu sichern. Auch hier gilt natürlich die Forderung, mit einem möglichst kleinen Aufwand das vorgegebene Ziel zu erreichen. Die Liquiditätssicherung gilt es folglich mit minimalem Aufwand zu sichern.
Damit ergibt sich eine eindeutige Priorität für die Aufgaben des Unternehmens in der Rezession und auf dem Weg aus der Flaute:

1. Priorität: Liquidität.
2. Priorität: Gewinnerzielung.
3. Priorität: Weitere Aufgaben.

Zur Sicherung der Liquidität und zur Minimierung des Aufwandes dazu, sollten in schlechten Konjunkturzeiten verschiedene Maßnamen ergriffen werden.

(1) Liquiditätsplanung ist unabdingbar

Mit der Zahlungsfähigkeit des Unternehmens Lotterie zu spielen, bedeutet, keine Liquiditätsplanung durchzuführen. Nur durch eine vorausschauende Planung des

- Zahlungseingangs und der
- Zahlungserfordernisse

ist es möglich, die Liquidität zu sichern und das mit dem geringstmöglichen Aufwand. Dies gilt selbstverständlich für alle Unternehmensgrößen.
Mit einer regelmäßigen Liquiditätsbilanz muß mindestens einmal im Monat die Liquiditätslage geprüft werden. Eine Liquiditätsbilanz kann den nebenstehenden Aufbau haben.

Die genannten Risikospannen für den Zahlungseingang von Forderungen

- 25 % bei Erwartung des Zahlungseingangs innerhalb von 30 Tagen
- 10 % bei voraussichtlichem Eingang der Zahlung in den nächsten 90 Tagen

sind natürlich nur Platzhalter. Jedes Unternehmen muß hier in Abhängigkeit vom

- Zahlungseingang der Vergangenheit und den
- Zahlungserwartungen der Gegenwart

individuelle Werte einsetzen, die von ihren aktuellen Gegebenheiten bestimmt sein müssen. Einen zu großen Optimismus dabei an den Tag zu legen, empfiehlt sich in der Flaute nicht.

Liquiditätsbilanz	
Zahlungsvermögen	Zahlungserfordernis
Sofort Kassenbestand Bankguthaben Postscheckguthaben Kontokorrentrahmen Diskontfähige Wechsel Summe Sofortverfügbarkeit	Sofort Lohn- und Gehaltszahlungen Steuern Sozialversicherungen Wechselvorlagen Barzahlungserfordernisse Summe Sofortbedarf
In den nächsten 30 Tagen Fällige Forderungen (abzüglich 25% Risikospanne) Effektenverkäufe Warenverkäufe Summe 30 Tage-Verfügbarkeit	In den nächsten 30 Tagen Lieferantenverbindlichkeiten Lohn- und Gehaltszahlungen Steuern und Sozialversicherungen Wechselvorlagen Summe 30 Tage-Bedarf
In den nächsten 90 Tagen Fällige Forderungen (abzüglich 10% Risikospanne) Warenverkäufe Werkstoffverkäufe Summe 90 Tage-Verfügbarkeit	In den nächsten 90 Tagen Lieferantenverbindlichkeiten Lohn- und Gehaltszahlungen Steuern und Sozialversicherungen Kreditrückzahlungen Summe 90 Tage-Bedarf

(2) Kampf den Forderungsausfällen

Gegen den Ausfall von Forderungen an Kunden gibt es wohl keine totale Sicherheit – aber man kann doch einige Vorkehrungen treffen, um den Schaden möglichst klein zu halten:

- Legen Sie für jeden Kunden ein Kreditlimit fest. Saldieren Sie fortlaufend die anstehenden Lieferungen und den Zahlungseingang. Vergleichen Sie das Ergebnis mit dem Kreditlimit. Bei Überschreiten des Kreditlimits sollten sie die Lieferung verzögern und zwischenzeitlich auf Zahlung drängen. Wenn bei der Auftragsannahme unter Berücksichtigung von Liefertermin und Zahlungsziel eine entsprechende

Bonitätsrechnung gemacht wird, so begrenzt dieses Verfahren einen Forderungsausfall auf das Kreditlimit.

- Holen Sie für jeden Neukunden eine Auskunft ein und machen Sie für Neukunden einen Risikoabschlag auf das Kreditlimit. Ist die Neukundenauskunft nur bedingt positiv, so bieten sich Vorauskasse oder Lieferung mit Nachnahme an. Es ist besser, auf einen Auftrag zu verzichten, als auf den Rechnungsbetrag verzichten zu müssen.
- Achten Sie bei ihren Kunden auf Schwächesignale des Zahlungsvermögens und reagieren Sie angemessen:

Signale für Zahlungsssschwäche
– Wechsel von Zahlungen mit Skontoinanspruchnahme zu Zielzahlungen – Übergang von Bar- zu Wechselzahlungen – Regelmäßige Überschreitung des Zahlungszieles – Bitte um Wechselprolongationen – Nichteinlösung von Schecks – Wechselproteste

- Schalten Sie auch Ihre Außendienstorganisation zur Früherkennung notleidender Kunden ein. Solche Informationen wie
  - Einschränkung der genutzten Fertigungskapazität,
  - Schließung von Werken und Filialen,
  - Massenentlassungen,

  sollten Anlaß zu sofortigen Aktionen bei fälligen Forderungen sein.

(3) Konsequente Eintreibung der Forderungen

Die beste Lösung ist natürlich, keine Forderungen entstehen zu lassen, dann hat man auch keine Probleme und keinen Ärger mit dem Forderungseinzug. Das ist mit verschiedenen Techniken möglich:

- Barverkauf
- Vorauskasse
- Auslieferung gegen Zahlung
- Nachnahmeversand
- Abbuchungsermächtigung

Prüfen Sie, ob nicht durch eine Umstellung auf eine dieser Zahlungsweisen der Forderungsausfall vermieden oder auf das Mahnverfahren verzichtet werden kann.
Bei allen Kunden, mit denen man Gegengeschäfte macht, sollte man durch Aufrechnung nach § 387 ff. BGB mit einer Aufrechnungserklärung Forderungen und Gegenforderungen ausgleichen:

- Keine Zahlungen erforderlich
- Verminderung des Verwaltungsaufwandes

Die konsequente Durchführung des Mahnverfahrens für alle fälligen Forderungen ist in der Rezession von wesentlicher Bedeutung für die Liquidität des Unternehmens:

- Mahnung mit Versetzung des Schuldners in Verzug
- Forderung von Verzugszinsen
- Ankündigung von Maßnahmen: Gerichtlicher Mahnbescheid
- Übergabe an ein Inkassobüro

Vor kostenträchtigen Schritten ist bei der Forderungserlangung immer zu prüfen, ob noch ein sinnvolles Verhältnis zwischen den erlangbaren Zahlungen und den Kosten zum Forderungseinzug gegeben ist. Im Zweifelsfall ist es besser, auf eine Forderung zu verzichten.
Durch eine einfache Methode kann von zahlungsunwilligen Schuldnern die Forderung schnell und ohne Mahnungen ausgeglichen werden. Von einem befreundeten Unternehmen oder von einem Tochterunternehmen wird ein Auftrag an das zahlungsunwillige Unternehmen erteilt. Durch Abtretung der eigenen Forderung kann der Auftraggeber nun die abgetretene Forderung gegen die entstandene Forderung aus dem erteilten Auftrag aufrechnen.

(4) Das eigene Zahlungsverhalten optimieren

Nicht nur auf der Zahlungseingangsseite sollte zur Liquiditätssicherung gearbeitet werden. Auch auf der Zahlungsausgangsseite können einige Maßnahmen ergriffen werden:

- Nutzen Sie konsequent jede Skontovereinbarung. Keine Zahlung darf ohne Skontoabzug erfolgen. Skontoabzug verbessert nicht nur die Liquidität, sondern senkt erheblich den Beschaffungsaufwand.

- Zahlen Sie keine Rechnung vorfristig, sondern zum vereinbarten Termin. Jede vorfristige Zahlung mindert Ihre Liquidität. Wird die Zahlung mit der EDV ausgeführt, so nutzen Sie den nächsten Programmlauf nach dem Fälligkeitstermin zur Zahlung. Teilen Sie diese Handlungsweise Ihren Lieferanten mit.

- Verzichten Sie auf Zahlungen im Überweisungsverkehr. Durch die Übersendung eines Verrechnungsschecks an ihre Gläubiger erbringen Sie die Zahlung ebenfalls fristgemäß. Jedoch die Abbuchung von Ihrem Konto erfolgt 6 bis 10 Arbeitstage später.

- Vereinbaren Sie mit allen Dauerlieferanten monatliche oder quartalsmäßige Abrechnung und Zahlung. Solche Vereinbarungen können beispielsweise getroffen werden mit
  - Büromateriallieferant
  - Druckerei
  - Kfz-Reparaturwerkstatt
  - Mietwagenunternehmen
  - Mitarbeiterversorger
  - Reisebüro
  - Spedition
  - Treibstofflieferanten für Kraftfahrzeuge
  - Übersetzungsbüro
  - Vertragshotels und -gaststätten

- Prüfen Sie, ob für Dienstreisen nicht die Vergabe von Kreditkarten an Ihre Mitarbeiter günstiger ist als Vorauszahlungen. Kreditkartenunternehmen kreditieren die Zahlungen bis zum Monatsende. Dafür fallen jedoch Gebühren und Spesen für die Mitgliedschaft an.

- Setzen Sie das Scheck-Wechsel-Verfahren ein. Bei ihm erhält der Lieferant neben einem Scheck zum Rechnungsausgleich mit Skontoberücksichtigung einen Wechsel, den er vereinbarungsgemäß als Aussteller unterzeichnet. Dieser Warenwechsel kann nun für den Wechselkredit benutzt werden. Aus dem Kontokorrentkredit für diese Zahlung wird folglich ein Wechselkredit:

– Geringere Zinsen
– Entlastung des Kontokorrents.

Dem stehen jedoch die Wechselkosten gegenüber.

(5) Langfristige Liquiditätsverbesserung

Analysieren Sie die Liquiditätssituation! Zeigt sich, daß Sie bereits vor der Rezession immer wieder Liquiditätsschwierigkeiten hatten,

- Ausschöpfung des Kreditrahmens
- Überschreitung von Zahlungszielen
- Prolongation von Wechseln

so handelt es sich offensichtlich dabei nicht um ein gelegentliches, sondern um ein strukturelles Problem. Strukturelle Liquiditätsengpässe sind aber in der Rezession oftmals lebensgefährlich für ein Unternehmen. Deswegen müssen dagegen Maßnahmen ergriffen werden:

- Prüfen Sie Ihr Unternehmensvermögen und bei Personengesellschaften auch Ihr Privatvermögen, ob es nicht betriebsnotwendige Vermögenswerte gibt:
  - Grundstücke
  - Gebäude
  - Maschinen und Anlagen
  - Patente und Rechte
  - Effekten und Anteilsrechte
  - Tochterunternehmen

  Sollte ein Verkauf solcher nicht betriebsnotwendiger Vermögenswerte nicht in Frage kommen, so können sie doch zur Liquiditätsverbesserung eingesetzt werden:
  - Vermietung
  - Verpachtung
  - Pfandkredit

  Da solche Liquiditätsverbesserungen nicht kurzfristig durchgeführt werden können, ist es notwendig, schon vor Eintritt des Notfalls die Liquiditätsbasis zu stärken.

- Sind alle vorhandenen Grundstücke und Gebäude, Anlagen und Maschinen betriebsnotwendig, so kann durch sie die Liquidität trotzdem verbessert werden. Durch den Verkauf an eine Leasinggesellschaft und Zurückleasen der gleichen Objekte (Sale and lease back) haben in den letzten Jahren selbst deutsche Mammutunternehmen ihre Liquidität verbessert. Zur Überwindung von rezessionsbedingten Liquiditätsschwierigkeiten eignet sich dieses Verfahren für alle gesunden Unternehmen.
  Durch ein vereinbartes Rückkaufrecht kann sogar die Rückgabe nach einem vereinbarten Zeitraum erfolgen.

- Ist es trotz der Flaute notwendig, Investitionen durchzuführen, so sollte im Hinblick auf eine Liquiditätsentspannung immer überlegt werden, ob durch ein Leasen der notwendigen Investitionen,
  - Maschinen
  - Lastkraftwagen
  - Personenauto

  die Liquidität nicht verbessert werden kann. Manche Kfz-Verkäufer gehen auch zur Ankurbelung ihres Verkaufs bei der Finanzierung weit unter die banküblichen Zinsen. Diese Möglichkeit sollte bei der Beschaffung von Kfz ebenfalls geprüft werden.

- Methoden, die bisher noch weniger benutzt werden, sind
  - Factoring und
  - Forfaitierung.

  Bei Factoring erfolgt der Verkauf der zukünftigen Forderungen des Unternehmens an einen Factor. Von Forfaitierung spricht man beim Verkauf von Exportforderungen. Da diese Methoden in der Regel teuer sind, ist sehr genau zu prüfen, ob es nicht billigere Möglichkeiten zur Liquiditätsverbesserung gibt.

- Im Kapitel III. A »Stärken Sie jetzt ihre Eigenkapitalbasis« wird die Verbesserung der Liquidität im Hinblick auf die Eigenkapitalmöglichkeiten behandelt. Auch über Subventionen können Liquiditätsverbesserungen erreicht werden, wie das Kapitel IV. E »Nehmen Sie Subventionsangebote wahr« ausweist.

(6) Konventionelle Liquiditätsverbesserungen

Die Höhe von Krediten und des Kreditrahmens für Kontokorrentkredite ist natürlich zum Teil eine Entscheidung in einem Ermessensrahmenn der zuständigen Bankmitarbeiter und -organe. Dies sollte man nutzen, um hier die bestmöglichen Bedingungen zu erhalten:

- Pflegen Sie ein gutes Verhältnis zu den Banken.
- Wickeln Sie ihre Geldgeschäfte über eine Hausbank ab.
- Verzichten Sie aber bei günstigen Konditionen nicht darauf, auch eine andere Bank in Anspruch zu nehmen.
- Prüfen Sie nicht nur die örtlichen Banken, sondern ziehen Sie auch regionale Banken in Kreditüberlegungen mit ein.
- Auch Kredite aus dem Ausland können günstig sein. Die Schweiz liegt seit Jahren unter dem allgemeinen Zinsniveau. Dabei ist jedoch auch das Währungsrisiko zu betrachten.

Die Bemühungen sollten dabei sowohl auf eine Ausweitung des Kreditumfanges, wie auch der Kreditbedingungen, gerichtet sein.

(7) Liquiditätsentlastung durch Steuerstundung

Steuernachforderungen können die Existenz von Unternehmen in der Rezession erheblich gefährden. Deswegen sind die Finanzämter auch zu Entgegenkommen bereit:

- Stundung der Steuer und
- Ratenzahlung.

Dazu müssen natürlich trifftige Gründe vorliegen. Das können beispielsweise sein:

- Vorübergehende Liquiditätsschwäche auf Grund von Rezession, Saison usw.
- Zahlungsschwäche wegen Forderungsausfällen durch Konkurse
- Liquiditätsanspannung wegen Zahlungsrückstände staatlicher Stellen
- Unvorhersehbare zwingende Investitionen
- Notlagen wegen Krankheit des Unternehmers

- Nachweis über die Fälligkeit von Steuererstattungen anderer Steuerarten

Voraussetzung für eine Stundung und/oder Ratenzahlung von Steuern ist die

- Gefährdung der Existenz des Unternehmens durch die Zahlung
- Unmöglichkeit der Beschaffung der Mittel zum Fälligkeitstermin

Selbstverständlich werden Lohn- und Kirchensteuern nicht gestundet.

C. Straffen Sie Ihre Aufbauorganisation

Eine neue Organisationsform führt in der Rezession nicht wieder zu Gewinn – obwohl dies manche Berater glauben machen wollen. Die Organisationsform zu ändern, hat vielerlei Wirkungen:

- Andere Positionen und Zuständigkeiten für die Mitarbeiter
- Andere Unterstellungen, Kompetenzen und Verantwortlichkeiten
- Die Änderung von ablauforganisatorischen Arbeitsdurchführungen
- Die Notwendigkeit von Umzügen und Umbauten
- Eine verminderte Leistung des Unternehmens, bis die neue Organisationsform eingeführt ist.

Sie hat aber sicher eine Wirkung nicht, nämlich kurzfristig wieder Gewinne herbeizuführen.
Deswegen sollte in der Rezession auf keinen Fall, auch wenn dies als notwendig erkannt wurde, die Organisationsform geändert werden. Zeigt sich, daß die Konjunktur wieder angelaufen ist, dann ist der richtige Zeitpunkt, um beispielsweise eine Sparten- oder Matrixorganisation einzuführen oder anderweitig die Organisationsform zu ändern.
Das bedeutet aber nicht, daß die Aufbauorganisation in der Rezession ein Tabu sein sollte. Die Aufbauorganisation kann im Gegenteil wesentlich dazu beitragen, daß die Rezessionsfolgen gut und schnell überstanden werden.
Dazu sollte die Aufbauorganisation wesentlich gestrafft werden. Diese Straffung kann unterschiedliche Maßnahmen umfassen.

(1) Auflösung von Stellen und Abteilungen

In der florierenden Konjunkturphase hat man sich oft

- Arbeitsplätze
- Stellen
- Abteilungen

geleistet, die in der Flaute ein Luxus sind, die nicht unmittelbar zur Zielerreichung beitragen, deren Aufgaben als zweit- oder drittrangig betrachtet werden, wenn man die Rezessionsbekämpfung ernst nimmt. Prüfen Sie deswegen, ob nicht einige Stellen und Abteilungen ersatzlos aufgelöst werden können. Zur Auflösung bieten sich besonders an:

- Permanente Inventur
  Die Zulassung der Stichprobeninventur durch die Finanzbehörden als anerkannte Inventurmethode bedingt, daß die Inventur stichtagsbezogen wesentlich billiger, als mit der permanten Inventur durchgeführt werden kann. Verzichten Sie deswegen auf diese Technik und lösen Sie eine Stelle »Permanente Inventur« auf.

- Statistik
  Eine Stelle »Statistik« ist in der Rezession ein Luxus, den sich kaum ein Unternehmen leisten sollte. Lösen Sie Ihre Statistikstelle auf, nachdem Sie kritisch eine Liste aller regelmäßig erstellten Statistiken geprüft haben:
  - Ersatzloser Verzicht
  - Zusammenfassung mehrer Statistiken und Ausarbeitung durch die zuständigen Fachabteilungen
  - Erarbeitung als Nebenergebnis von Buchhaltung und Kostenrechnung
  - Automatische Erstellung durch die EDV

- Kasse
  Nachdem der Zahlungsverkehr überwiegend bargeldlos erfolgt, ist in der Regel eine Kassenstelle überflüssig. Sollte doch einmal Bargeld benötigt werden, so kann von einem Mitarbeiter eine kleine Handkasse beiläufig geführt werden, aus der die notwendigen Bezahlungen vorgenommen werden.

- Fernschreibzentrale
  Nachdem der Teletex-Dienst allgemein von der Bundespost eingeführt ist, kann die Fernschreibzentrale aufgelöst werden. Mit Hilfe von Teletex-Schreibmaschinen in den Sekretariaten können nicht nur die Fernschreiben ausgeführt werden, sondern es werden weitere Einsparungen vorgenommen. Mehrere Aufgaben können entfallen:
  - Erstellung des Fernschreibauftrages
  - Transport des Fernschreibauftrages zur Fernschreibstelle
  - Erarbeitung eines Fernschreiblochstreifens

Da mit Teletex auch alle Fernschreibteilnehmer erreicht werden können, ergibt sich aus der Auflösung der Fernschreibstelle keine Minderung der Kommunikationsmöglichkeiten.
Da der Teletex-Dienst billiger ist als der Telexdienst, tritt auch eine Kostensenkung durch den Umstieg auf Teletex ein.

- Werkschutz
  Die Entwicklung elektronischer Schutz- und Wacheinrichtungen,
  - Videoalarmsysteme
  - Bewegungsmelder
  - Glasbruchsensoren
  - Geräuschmelder
  - Kontaktsicherungen

  ist soweit fortgeschritten, daß ein Werkschutz mit Wachmänner, welche Rundgänge vornehmen, nicht mehr erforderlich zu sein braucht. Auf ihn kann deswegen häufig ebenfalls verzichtet werden.

- Verkaufsniederlassungen
  Die Kommunikationsmöglichkeiten haben sich in den letzten Jahren merklich verbessert:
  - Direktwahltelefon
  - Bürofernschreiben
  - Fernkopieren
  - Mobile Terminals

  Der Kontakt zu Kunden, Reisenden und zum Kundendienst kann deswegen auch von der Zentrale aus durchgeführt werden, ohne daß deswegen Verkaufsniederlassungen benötigt werden. Deswegen sollte geprüft werden, ob nicht alle oder zumindest einige der Verkaufsniederlassungen aufgelöst werden können.

- Normenstelle
  Die Fortentwicklung des innerbetrieblichen Normenwerkes ist zweifelsohne langfristig wichtig. In der Rezession ist es ein Luxus, auf den für einige Jahre auch verzichtet werden kann. Die Normprüfung von neuen Erzeugnissen kann auch als Selbstkontrolle der Konstruktionsabteilung organisiert werden.

- Datenerfassung (Lochkartenstelle)
  Durch den Einsatz der Dialogdatenverarbeitung wird die Datenverantwortung wieder in die Fachabteilungen zurückverlegt. Damit

kann eine Datenerfassungsstelle wegfallen, da die Datenerfassung bei der Sachbearbeitung in den Fachabteilungen erfolgt.

Daneben gibt es sicher in jedem Unternehmen weitere Stellen, die während der Rezession ein Luxus sind. Sie gilt es zu ermitteln und zu prüfen, ob auf sie nicht verzichtet werden kann, um die Unternehmensorganisation zu verbessern und einige handkräftige Vorteile zu erlangen.

(2) Konsequenzen aus dem EDV-Einsatz

Die elektronische Datenverarbeitung hat sich in fast allen Groß- und Mittelbetrieben und auch in vielen Kleinbetrieben durchgesetzt. Eine Vielzahl von Aufgaben wurden auf den Computer übernommen, so daß für die Fachabteilungen nur noch die Nichtmassendatenaufgaben verblieben. Mit EDV werden vornehmlich solche Aufgaben durchgeführt wie

- Angebotsausarbeitung
- Auftragsbearbeitung
- Bedarfsrechnung
- Bestellschreibung
- Debitorenbuchhaltung
- Disposition
- Gehaltsrechnung
- Kalkulation
- Kostenrechnung
- Kreditorenbuchhaltung
- Lagerbestandsführung
- Lohnrechnung
- Mahnwesen
- Provisionsabrechnung
- Zahlungsverkehr

Selbstverständlich wurde die Zahl der Arbeitsplätze den verbleibenden Aufgaben angepaßt, aber organisatorische Konsequenzen wurden oftmals nicht gezogen:

- Auflösung solcher Abteilungen und Stellen
- Zusammenlegung mehrerer Abteilungen und Stellen
- Zusammenfassung von zwei oder drei Leistungsstellen zu einer Instanz

Diese organisatorischen Konsequenzen aus der Arbeitsübernahme durch die EDV sollten nun schnellstens, wenn sie noch nicht erfolgt sind, vorgenommen werden, um hier die richtigen Konsequenzen zu ziehen.

(3) Make-or-buy

Eine wesentliche Straffung der Aufbauorganisation kann dadurch erreicht werden, daß man Aufgaben, die man bisher selbst durchführte, nun an

- Dienstleistungsunternehmen
- Freiberufler
- Freie Mitarbeiter
- Handwerksunternehmen
- Heimarbeiter
- Gewerbetreibende

vergibt. Dies sollte natürlich erst nach einer gründlichen Make-or-buy-Analyse erfolgen. Neben der Aufwandsminderung muß dabei aber auch berücksichtigt werden, daß dadurch weitere Vorteile erreicht werden:

- Fixkostenentlastung
- Statt arbeitsvertragliche nun nur kauf- oder werksvertragliche Bindungen
- Nutzung der Wettbewerbsvorteile
- Verminderung des Verwaltungsaufwandes
- Verkleinerung der Sozialleistungen
- Straffung der Unternehmensorganisation

Totalvergebbare Funktionen	
Funktion	Vergabe
Bauarbeiten	Örtliche Bauhandwerker oder Bauunternehmen
Bauplanung	Freiberufliche Architekten oder Baumeister
Bauleitung	Freiberufliche Architekten oder Baumeister
Büromaschinenwartung	Wartungsverträge an Büromaschinenhersteller oder freiberufliche Büromaschinenmechaniker
Büromateriallager	Übernahme der Lagerfunktion durch einen örtlichen Büromaterialhändler
Design	Freiberufliche Designer
Dienstfahrten	Benutzung der Mitarbeiterautos
Dolmetscher	Freie Mitarbeiter oder Übersetzungsdienst
Drucken	Druckerei oder Druckshop
Erfrischungen	Verpachtung der Verkaufsstellen
Fotolabor	Örtliche Fotofachbetriebe
Instandhaltung	Örtliche Bauhandwerker
Kantine	Verpachtung an Kantinenunternehmen oder örtliche Gastronomen
Kraftfahrzeugwartung	Örtliches Kfz-Handwerk
Lichtpausen	Lichtpausanstalt
Mikroverfilmung	Vervielfältigungsunternehmen
Modellschreinerei	Örtliches Modellschreinerhandwerk
Reinigung	Reinigungsunternehmen oder raumweise Vergabe an Raumpflegerinnen
Reisedienst	Örtliches Reisebüro
Schreinerarbeiten	Örtliches Schreinerhandwerk
Übersetzen	Übersetzungsbüro oder freie Mitarbeiter
Werben	Werbeagentur, Werbebüro oder freie Mitarbeiter
Werkschutz	Wach- und Schließdienstunternehmen
Werkzeugwerkstatt	Vergabe an Werkzeugmacherei
Wertanalyse	Technische Unternehmensberater

Die Frage nach Eigenerstellung oder Fremderwerb stellt sich in zwei Formen:

- Die Gesamtfunktion wird fremdvergeben. Im Unternehmen bleibt nur noch eine Aufsichts- und Kontrollfunktion über die Arbeitsdurchführung.
- Ein wesentlicher Teil der Funktion wird fremdvergeben, während eine definierte Kernfunktion weiterhin selbst ausgeübt wird. Dadurch wird auf eine vollständige Abhängigkeit verzichtet.

Die Totalvergabe bietet sich, wenn das Ergebnis der Make-or-buy-Analyse dies bestätigt, vornehmlich für vorstehende Funktionen an: (s. Tabelle S. 81).

Auf eine Totalvergabe sollte aus verschiedenen Gründen für einige Funktionen verzichtet werden:

- Vorhaltung von Fachkapazität mit unternehmensspezifischer Erfahrung
- Sicherung eines Not- und Schnelldienstes
- Kombination der Überwachung der Fremdaufträge mit Eigenerstellung

Eine Teilvergabe, wobei die Anteile von Fremdvergabe und Eigenbehalt individuell ermittelt werden müssen, bietet sich insbesondere für die nachstehenden Funktionen an:

Teilvergebbare Funktionen	
Funktion	Vergabe
Fahrdienst	Nur Geschäftsleitung, ansonsten Taxiinanspruchnahme
Fuhrpark	Schnelldiensttransport, sonst Speditionseinsatz
Maschinenwartung	Eigener Reparaturdienst, Wartung durch Hersteller oder durch Wartungsunternehmen
Programmierung	Kerndienst, ansonsten Programmerwerb oder Vergabe an freie Mitarbeiter
Schreiben	Zentrales Schreibzimmer mit Ergänzung durch Schreibunternehmen und Heimarbeiten
Systemanalyse	Durch Organisationsstelle oder freie Mitarbeiter
Zeichnen	Technische Zeichner für Sofortbedarf, sonst Vergabe an freie Mitarbeiter

Auf die Vergabe von Fertigungsaufgaben und Arbeitsgängen ist im Rahmen der Fertigung einzugehen.
Während es bei einer Totalvergabe der Aufgaben einer Funktion naheliegt, die Stelle oder Abteilung aufzulösen und die Arbeitsplätze abzubauen, die bisher diese Funktion ausgeführt hat, besteht bei der Teilvergabe von Aufgaben immer die Gefahr, daß wohl die Vergabe an externe Auftragnehmer erfolgt, aber nicht in gleichem Maße der eigene Kapazitätsabbau erfolgt. Wird die Vergabe von Aufträgen nicht durch eine Reduzierung von Arbeitsplätzen vollständig kompensiert, so würde selbstverständlich genau das Gegenteil dessen erreicht, was zu erreichen beabsichtigt war.

(4) Zusammenlegung von Stellen

Die Abteilungen und Arbeitsgruppen sind in vielen Unternehmen in den letzten Jahren wesentlich kleiner geworden. Dafür gibt es mehrere Gründe:

- Durch Rezessionseinflüsse wurden Arbeitsplätze überflüssig und konnten deswegen eingespart werden.
- Der Krankenstand hat sich in der Rezession wesentlich vermindert, so daß dadurch ebenfalls die Arbeitsplatzzahl vermindert werden konnte.
- Luxusaufgaben wurden ersatzlos gestrichen. Das bedingte ebenfalls eine Reduktion der Arbeitsplatzzahl.
- Der Produktivitätsfortschritt, der durch die EDV besonders gravierend war, ließ ebenfalls die Einsparung von Arbeitsplätzen zu.
- Eine tendenzielle Leistungserhöhung der Mitarbeiter in der jüngsten Vergangenheit führte ebenfalls zur Verminderung von Arbeitplätzen.

So gibt es nun Unternehmen, in welchen die Arbeitsplatzzahl in manchen Abteilungen um die Hälfte und auch mehr gesunken ist. An der Organisation und damit an der Zahl der Gruppen-, Abteilungs- und Hauptabteilungsleiter hat sich jedoch nichts geändert. Das kann nicht richtig sein.
Deswegen ist es notwendig zu prüfen, ob nicht eine weitere Straffung der Unternehmensorganisation erreicht werden kann dadurch, daß

- Abteilungen und Gruppen zusammengelegt werden,
- mehrere Abteilungen gemeinsam einen Abteilungsleiter erhalten,
- bisherige Hauptabteilungen nun als Abteilungen geführt werden,
- derzeitige Abteilungen nur noch den Rang einer Gruppe einnehmen,
- beim Ausscheiden von Abteilungs- oder Gruppenleitern diese Instanzen während der Rezessionsdauer nur kommissarisch besetzt werden.

Selbstverständlich sollte diese Art der Straffung nur in den Bereichen duchgeführt werden, die nicht direkt in Maßnahmen zur Rezessionsbekämpfung eingespannt sind. Im Verkauf wird auf solche Straffungen häufig verzichtet werden.

(5) Verminderung der Sekretariate

Die Verminderung von Leitungsstellen bedingt der Regel auch, daß die Zahl der Sekretariate verkleinert werden kann, denn eine Abteilung, die durch die Zusammenlegung von zwei Abteilungen gebildet wurde, braucht natürlich auch nur ein Sekretariat für die Abteilung und den Abteilungsleiter.

Jedem Abteilungsleiter seine Sekretärin und jeder Abteilung sein Abteilungssekretariat ! – Diese Forderung hat sich in Deutschland wie ein Gesetz bei den Mitarbeitern und vor allem bei den Abteilungsleitern eingeprägt. Dadurch hat sie selbstverständlich nicht an Richtigkeit gewonnen.

Prüft man den Aufgabenumfang von Abteilungssekretärinnen, so stellt man fest, daß diese vielfach nicht ausgelastet sind oder sich durch aufgabenfremde Tätigkeiten auslasten. Sollte diese Aussage auch für Ihr Unternehmen richtig sein, so sollten daraus auch die richtigen Konsequenzen gezogen werden.

Daß jede Leitungsstelle vom Abteilungsleiter an aufwärts eine sekretarielle Unterstützung und Entlastung braucht, ist unbestritten. Nur braucht jeder Leitungsbeauftragte denn allein eine Sekretärin und ein Sekretariat?

Durch die gemeinsame Nutzung eines Sekretariats durch zwei oder drei Abteilungsleiter und Abteilungen ergeben sich eine Reihe von merklichen Vorteilen:

- Verminderung des Personalaufwandes
- Bessere Auslastung der Mitarbeiterinnen
- Einsparung von Büroräumen

Durch eine geeignete räumliche Anordnung eines Sekretariats zwischen zwei Arbeitsräumen der betreuten Abteilungsleiter, ergeben sich für zwei Abteilungsleiter die Vorteile eines gemeinsamen Vorzimmers:

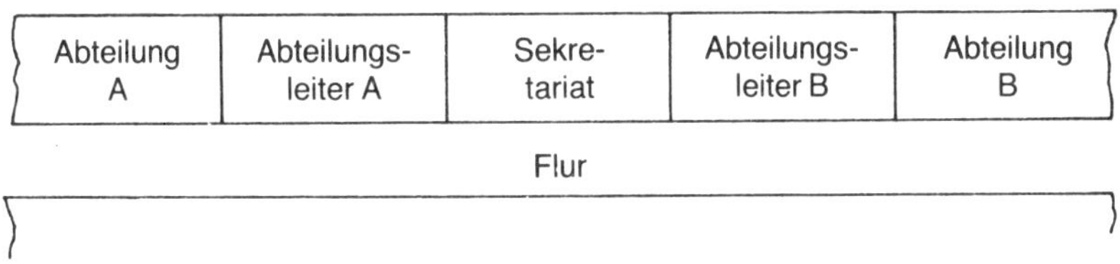

Noch größere Vorteile bieten natürlich ein oder auch mehrere Zentralsekretariate. Hier erhalten 5 bis 10 Leitungsbeauftragte die Betreuung durch ein Zentralsekretariat, das mit mehreren Mitarbeiterinnen besetzt ist, ohne daß es aber eine feste Zuordnung der Sekretariatsmitarbeiterinnen zu den Abteilungsleitern gibt. Das hat den Vorteil, daß in einem Zentralsekretariat bis zu einem gewissen Umfang eine Spezialisierung erfolgen kann:

- Terminplanung
- Schreibarbeit
- Besprechungs- und Konferenzbetreuung
- Telefondienst
- Reisevor- und -nachbereitung

Die Vorteile eines oder mehrerer Zentralsekretariate sind mannigfach:

- Erhebliche Verminderung des Personalaufwandes
- Auslastungsverbesserung mit Spitzenausgleich
- Spezialisierungsmöglichkeit der Mitarbeiterinnen
- Keine Vertretungsprobleme
- Bessere Nutzung von Kommunikationsmitteln und Büromaschinen
- Geringerer Büroraumbedarf
- Einfache Überzeitregelung

Nachteil dabei ist natürlich, daß die betreuten Manager kein Vorzimmer im geografischen Sinne mehr haben und daß längere Wege erforderlich sein können.

(6) Wegfall einer Leitungsebene

Die häufig vorzufindende hierarchische Gliederung in

- Geschäftsleitung
- Hauptabteilungs- oder Bereichsleiter
- Abteilungsleiter
- Gruppenleiter

kann in Großbetrieben und in Wachstumszeiten berechtigt sein. Für Mittelbetriebe und in Zeiten der Stagnation oder gar Rezession ist sie übertrieben, kopflastig und teuer.
Deswegen sollte geprüft werden, ob nicht auf eine Leitungsebene verzichtet werden kann. Neben den Einsparungen ergeben sich dadurch weitere Vorteile:

- Besserer Durchgriff von der Geschäftsleitung bis zu den Ausführungsstellen
- Kürzere Informations- und Anweisungswege
- Zusammenrücken aller Leitungsmitglieder

Gegen Umorganisation im Management gibt es regelmäßig erhebliche Widerstände – die schwächeren Manager haben verständlicherweise Sorge im Hinblick auf ihre Arbeitsplätze und Positionen. Sollte ein Unternehmen in diesem Bereich aufbauorganisatorische Veränderungen vornehmen wollen, so sollte dies nicht in der allgemeinen Vorgehensweise der Organisation erfolgen:

- Ausarbeitung eines neuen Organisationsentwurfes
- Diskussion mit den Beteiligten und Berührten
- Änderung des Organisationsentwurfes
- Weitere Diskussion usw.

Dieses Verfahren schafft nur Unsicherheit, Frustration und Verärgerung. Die Arbeitsleistung des Managements geht erheblich zurück und das Betriebsklima verschlechtert sich. Das sind Faktoren, die nicht der Bekämpfung der Rezessionseinflüsse dienlich sind. Deswegen muß in diesem Fall auf die klassische Vorgehensweise verzichtet werden.

D. Expandieren Sie wohlüberlegt

Für Tages- und Wirtschaftszeitungen gibt es in der Flaute ein besonders schlagzeilenträchtiges Thema – die Zahl der Konkurse, Vergleiche, der Zusammenbruch von namhaften Unternehmen und die Stützungsaktionen für bekannte Betriebe.
Die Rezession ist gekennzeichnet durch harte Auswirkungen auf viele Unternehmen:

- Der Konkurs ist unvermeidlich.
- Ein Vergleich muß angestrebt werden.
- Der Kampf um das Überleben muß täglich gewonnen werden.
- Nur durch eine Stützungsaktion kann noch etwas gerettet werden.
- Die Eigentümer resignieren und wollen aufgeben.

Das bedeutet, daß eine Vielzahl von Unternehmen zum Verkauf, zur Übernahme oder zur Beteiligung anstehen. In der Rezession erhöht sich das Angebot an Unternehmen explosionsartig:

- Eigentümer möchten ihre Unternehmen verkaufen.
- Konkursverwalter versuchen ihre Objekte entweder als Einheit oder in Einzelteilen zu versilbern.
- Tochtergesellschaften werden zu veräußern versucht.
- Sanierung durch Beteiligung wird angestrebt.
- Filialen und Werke werden abgegeben.
- Fertigungszweige werden aufgegeben und versucht zu verkaufen.

Die Vielzahl der Angebote, die Auswirkungen der Rezession und der herrschende Pessimismus bewirken natürlich, daß die Angebote sehr günstig, in manchen Fällen sogar außerordentlich günstig sind:

- Für die Zukunft werden keine Chancen mehr gesehen.
- Das Wasser steht den Eigentümern bis zum Hals.
- Auflösung wird zu allen Bedingungen betrieben.
- Es wird auf einen erheblichen Substanzwert verzichtet.
- Die Verkaufspreise fallen auf eine niedrigere Ebene.

Gegenüber dieser für Expansionsinteressenten sehr vorteilhafte Situation stehen die Gegebenheiten am Geld- und Kapitalmarkt. Die Zinsen sind

gering und das Eigenkapital kann von gesunden Unternehmen problemlos vergrößert werden.
Nie im Auf und Ab der Wirtschaftsentwicklung sind die Bedingungen so günstig, um das eigene Unternehmen durch Zukäufe zu expandieren. Jedoch nicht nur die finanzielle Seite spricht für eine Expansion durch Kauf, Übernahme, Beteiligung oder Ausschlachtung eines oder auch mehrerer Unternehmen in der Rezession. Weitere Vorteile sprechen dafür:

- Diese Expansionsart kostet nur wenig Zeit. Eine Betriebserweiterung oder der Aufbau einer zusätzlichen Vertriebsorganisation erfordert einen erheblichen Zeitaufwand.
- Das Risiko ist bei dieser Expansionsart besser abzuschätzen, denn hier liegen Unterlagen vor und die bisherige Entwicklung zeigt Trends auf.
- Das eigene Unternehmen wird durch diese Expansionsart am geringsten belastet.
- Es können auf diese Art immaterielle Werte, wie beispielsweise Warenzeichen, Lizenzen oder auch ein Firmenname erworben werden, die sonst nicht verkäuflich sind.

Deswegen sollte man einen der wenigen Vorteile, welche die Rezession bietet, gründlich prüfen, ob hier nicht der Grundstein zu künftigen Gewinnen gelegt werden kann. Dies besonders auch deswegen, weil die Chancen so außerordentlich gut sind und vielleicht über viele Jahre hinweg nicht wiederkommen.
Die Prüfung des Erwerbs oder einer anderen Übernahmeart eines anderen Unternehmens sollte ihren Ausgangspunkt darin haben, daß ermittelt wird, was dem Unternehmen im Kampf gegen die Rezession besonders helfen kann oder was für ein früher oder später kommenden Aufschwung besonders wertvoll sein kann.
Durch die Übernahme eines Betriebes, durch die Beteiligung an einem Unternehmen oder durch das Ausschlachten einer Firma können unterschiedliche Ressourcen erlangt werden:

Erwerbbare Ressourcen
– Abgeschlossene Verkaufsaufträge – Eingearbeitete Mitarbeiter verschiedener Bereiche – Eingeführte Erzeugnisse – Entwicklungs- und Konstruktionspotential – Fertigungskapazität – Fertigungsprogramm – Firmennamen und -image – Gebäude, Bauwerke und Anlagen – Grundstücke – Kundenstamm und -goodwill – Kundendienstorganisation – Lagerbestände – Marken- und Firmenzeichen – Marktanteil – Maschinen, Anlagen, Geräte usw. – Niederlassungen und Filialen – Patente, Lizenzen und sonstige Rechte – Rechenzentrum und Rechnerprogramme – Verkaufsläden und Vertragshändler – Verkaufs- und Fertigungsprogramm – Verkaufsorganisation – Vertretungen und Vertreter

Nicht das Angebot eines günstig erwerbbaren Unternehmens darf für einen Unternehmenserwerb maßgeblich sein, sondern die

- Schwachstellen des eigenen Unternehmens,
- fehlenden oder ungenügenden Ressourcen,
- empfehlenswerte Abrundungen und Ergänzungen und
- lukrativen Chancen für die Zukunft.

Vergessen werden darf dabei auch nicht, daß durch den Erwerb eines Wettbewerbers die Zahl der Wettbewerbsfirmen gesenkt wird.
Nachdem die größten Bedürfnisse für das Unternehmen zur Überwindung der Rezession ermittelt wurden und die interessantesten Zukunftsaussichten ermittelt wurden, gilt es systematisch den Markt der Unternehmens- und Beteiligungsangebote zu prüfen. Informationen oder Offerten können von verschiedenen Instituten erlangt werden:

- Industrie- und Handelskammern
- Unternehmensmakler und -vermittler
- Anzeigen in Wirtschaftszeitschriften

- Firmenbörsen vermitteln Anbieten und Nachfrager

Angebotene Unternehmen oder Beteiligungen müssen immer genau geprüft werden. In Zeiten der Rezession ist diese Prüfung nicht nur unabdingbar, sondern es sollten dazu auch ausgewiesene Experten beteiligt werden:

- Unternehmensberater
- Steuerberater
- Rechtsanwalt

Die Prüfung eines angebotenen Unternehmens oder einer möglichen Beteiligung bedarf natürlich einer besonderen Beurteilung im Hinblick auf die gesuchten Ressourcen, die für die Expansion des eigenen Unternehmens maßgeblich sind. Daneben sind besonders zu prüfen:

- Die angebotene Vermögenssubstanz
- Die Qualität der Forderungen im Hinblick auf ihre Einbringbarkeit
- Die bestehenden Garantieverpflichtungen
- Die vertraglichen Verpflichtungen für die Zukunft
- Das bestehende Obligo
- Die Abführungen an die Sozialversicherungen
- Die Steuerschulden

Unter Umständen sind die geschäftlichen Steuerschulden des Vorgängers zu bezahlen:

- Umsatzsteuer
- Abzuführende Lohnsteuer
- Abzuführende Kirchensteuer

Wenn der Veräußerer damit einverstanden ist, dann darf dem Käufer das Finanzamt Auskunft über die bestehenden Steuerschulden geben. Sie können gegen den Kaufpreis aufgerechnet werden.

(1) Vertriebsorientierte Expansion

Die einfachste Art den Gewinn zu vergrößern oder aus der Verlustzone zu kommen, ist natürlich die vorhandenen Kapazität stärker auszulasten:

- Die Deckungsbeiträge wachsen
- Die Stückkosten werden vermindert
- Das eingesetzte Kapital wird besser genutzt

Voraussetzung dafür ist selbstverständlich, daß nicht auf Lager angefertigt wird, sondern daß der verstärkte Ausstoß umgesetzt werden kann. Die Vertriebsanstrengungen zu verstärken, um eine bessere Kapzitätsausnutzung zu erreichen, ist deswegen ein sehr wichtiger Hebel zur Überwindung der Flaute.
Diese erhöhten Anstrengungen müssen in schlechten Zeiten nicht immer zu größeren Auftragszahlen führen. Oftmals wird trotz erheblicher zusätzlicher Bemühungen nur ein Nullwachstum erreicht, weil die Rezessionswirkungen die Mehrleistung kompensiert. Manchmal läßt sich selbst dies nicht erreichen.
Durch den Erwerb eines Handelsunternehmens oder eines Fertigungsunternehmens, dessen Fertigung nur noch eingeschränkt fortgeführt wird oder dessen Produktion stillgelegt wird, kann versucht werden, zusätzliche Marktanteile zu erlangen und dadurch die eigene Fertigung besser auszulasten.
Durch den Erwerb eines Wettbewerbers können aus vertrieblicher Sicht jedoch mehrere Ziele angestrebt werden:

- Erwerb von Marktanteilen
- Übernahme eines Auftragsbestandes
- Gewinnung eines zusätzlichen Kundenkreises
- Ergänzung oder Erweiterung des Vertriebsprogrammes
- Erweiterung der Vertriebsorganisation
- Eintritt in andere Märkte, Kundenkreise oder Vertriebsformen
- Erlangung einer Kundendienstorganisation
- Erwerb von Verkaufsniederlassungen und/oder Verkaufstöchter

Jedes angestrebte Ziel bedarf der genauen Prüfung, ob es durch den Erwerb eines angebotenen Unternehmens auch erreicht wird.

- Der Auftragsbestand ist dahingehend zu untersuchen, ob es sich dabei auch um rechtlich unanfechtbare Verträge handelt, ob die Vertragspartner noch solvent sind, ob Annullierungen und Sistierungen in größerem Umfang erfolgt sind und ob die zugesagten Lieferfristen eingehalten werden können.

- Der Kundenstamm muß mit dem eigenen Kundenkreis verglichen werden, um zu sehen, wie groß die Überschneidungen sind. Weiterhin sind die Erwartungen im Hinblick auf diesen Kundenstamm zu beurteilen.
- Das erwerbbare und das eigene Vertriebsprogramm ist zu vergleichen, in welchem Umfang Überschneidungen, Ergänzungen und Abrundungen gegeben sein werden.
- Die Vertriebsorganisation ist im Hinblick auf ihre Effizienz, ihre Organisation, ihre Mitarbeiterstruktur und ihre geografische Gliederung zu prüfen. Sie ist mit der eigenen Vertriebsorganisation abzugleichen.
- Die marktliche Beteiligung und deren Intensität ist vornehmlich für Exportmärkte zu betrachten.

Neben dieser Ressourcenprüfung bedarf es aus vertrieblicher Sicht einer Untersuchung insbesondere der nachstehenden Punkte. Diese Punkte einer gesonderten Betrachtung zu unterwerfen ist zwingend erforderlich:

- Image bei den Kunden
- Vertragliche Verpflichtungen gegenüber den Vertriebsmitarbeitern
- Fixkostenbelastung des Vertriebsbereiches
- Lagerbestand an Fertigerzeugnissen
- Management des Vertriebsbereiches
- Verträge mit Vertretern, Lieferanten und anderen Partnern

Wird ein Unternehmenserwerb nur aus vertrieblichen Gründen angestrebt, so bedarf es trotzdem auch einer fundierten Analyse der anderen zu erwerbenden Bereiche.

(2) Entwicklungsorientierte Expansion

Wie Analysen zeigen, kommen oftmals Unternehmen deswegen in Schwierigkeiten, weil die Entwicklung im Vergleich zum Umsatz nicht in einer günstigen Relation ist. Solche Unternehmen besitzen jedoch teilweise hervorragende Entwicklungsergebnise:

- Markteingeführte Erzeugnisse mit guten Verkaufsaussichten
- Fertigungsreife Produkte mit positiven Zukunftserwartungen

- Patente und Lizenzvergaben
- Hochqualifizierte Entwicklungs- und Konstruktionsmitarbeiter

Hier kann für ein Unternehmen, das bisher im Entwicklungsbereich nicht oder nur wenig innovativ war, zu einem häufig sehr günstigen Preis ein Entwicklungspotential erworben werden, das nur in der Rezession angeboten wird.

(3) Fertigungsorientierte Expansion

Zu einem günstigen Preis solche Fertigungskapazität zu erlangen, welche die bestehende Kapazität entweder ergänzt und Engpässe auflöst oder die eine wesentlich größere Produktivität aufweist, kann auch in der Flaute interessant sein.
Dabei ist zunächst zu prüfen, in welcher Weise die eigene Kapazität durch Zukauf erweitert werden sollte:

- Erwerb additiver Kapazität, also eines Betriebes oder einer Fertigungsstätte, die in Form eines Werkes weitergeführt werden soll
- Erlangung von andersartiger Kapazität, welche die eigene Fertigungsbasis vertieft oder verbreitet
- Ergänzung der eigenen Fertigung durch Ausschlachtung eines erworbenen Unternehmens im Hinblick auf bestimmte Maschinen, Anlagen oder technologische Lösungen
- Erwerb eines bestimmten Know-how für spezielle Fertigungstechnologien und -verfahren. Dabei kann der Maschinenpark einschließlich den Fertigungsspezialisten, wie auch das Know-how interessant sein

Ein Wettbewerbsunternehmen zu erwerben, nur um dessen Kapazität den anderen Wettbewerbsfirmen zu entziehen, ist häufig nicht empfehlenswert. Nur in Ausnahmefällen sollte man an diese Lösung denken.

(4) Vermögensorientierte Expansion

In der Rezession angebotene Unternehmen besitzen manchmal Vermögenswerte, die den Kaufpreis wesentlich übersteigen, wenn man zur

Versilberung die früher oder später kommende Konjunktur abwarten kann oder wenn man stille Reserven bilden will.
Solche Vermögenswerte sind oftmals in einer Bilanz oder in einem Status nicht direkt erkennbar:

- Grundstücke in günstigen Lagen
- Gebäude
- Patente und Lizenzvergabe
- Moderner Maschinenpark
- Unternehmensimage und Markenzeichen
- Beteiligungen

Selbstverständlich bedarf es auch hier einer fachmännischen Prüfung der erwarteten Vermögenswerte.

(5) Zukunftsorientierte Expansion

Auch Unternehmen mit sehr guten Zukunftsaussichten werden in der Rezession von ihren Eigentümern oder vom Konkursverwalter zum Verkauf angeboten:

- Mangelnde Kapitalausstattung
- Ungenügende Liquiditätssicherung
- Erhebliche Managementfehler
- Zu hohe Gewinnausschüttungen oder Privatentnahmen
- Ausfall hoher Forderungen oder eines Hauptkunden

Ein solcher Kauf kann natürlich einmal eine günstige Kapitalanlage sein, er kann aber auch für das Unternehmen verschiedene Vorteile bedingen:

- Diversifikation ohne die üblichen Anlaufverluste
- Ergänzung oder Abrundung des Vertriebsprogrammes
- Eindringen in bisher verschlossene Märkte
- Streuung der zukünftigen Risiken

Der Erwerb eines Unternehmens oder die Beteiligung an einem Unternehmen zur zukunftsorientierten Expansion darf jedoch nicht das eigene Unternehmen in dieser schwierigen Phase schwächen:

- Kapitalentzug
- Überlastung des Managements
- Übernahmeprobleme

(6) Übernahme

Der Erwerb oder eine andere Art der Übernahme eines Unternehmens ist natürlich mit besonderen Risiken verbunden, die nur durch eine vollständige Information des Käufers vermindert werden kann. Deswegen muß darauf gedrungen werden, alle notwendigen Informationen zu erlangen. Solche Informationen können erlangt werden durch:

- Unternehmensanbieter
- Management des angebotenen Unternehmens
- Mitarbeiter
- Sowohl durch die eigene Hausbank, wie auch die Banken des angebotenen Unternehmens
- Informelle Kanalnutzung zu einigen Kunden des Anbieters

Werden keine umfassenden Auskünfte erteilt und bleibt auch Insistieren ohne Wirkung, so ist Vorsicht am Platz.
Daß natürlich die erlangten Informationen nicht nur akzeptiert werden dürfen, sondern einer Verifikation bedürfen, ist selbstverständlich. So sollten beispielsweise einige Bilanzpositionen einer besonderen Analyse unterzogen werden:

- Bewertung der Anlagen und anderen Vermögenswerte
- Prüfung auf Eigentumsvorbehalte bei allen Vermögenswerten
- Buchwerte der Lagerbestände
- Analyse der Forderungen im Hinblick auf die Zahlungserlangung
- Erhaltene Anzahlungen

Dabei darf man nie ganz ausschließen, daß es in der Rezession auch zu kriminellen Handlungen kommen kann. Deswegen ist hier natürlich besondere Vorsicht geboten.
Der Kauf eines Unternehmens ist nur eine der möglichen Arten der Expansion. Gerade in der Rezession sind eine Reihe anderer Möglichkeiten realisierbar, um ein Unternehmen zu übernehmen. Die wenigen

Chancen in dieser Wirtschaftlage ein Unternehmen zu veräußern, ohne es liquidieren zu müssen, läßt Verkäufer auch zu anderen Übernahmearten ihre Zustimmung geben, wenn die Vertragsverhandlungen klug geführt werden:

- Verpachtung des Unternehmens
- Anmietung des Fertigungsbetriebes
- Unternehmensführungsvertrag
- Schenkung bei überschuldeten Unternehmen

Natürlich braucht nicht ein ganzes Unternehmen einverleibt zu werden. Durch eine Unternehmensaufspaltung können auch nur einzelne Unternehmensbereiche übernommen werden. Das kann beispielsweise in funktionaler Hinsicht erfolgen. Durch eine Aufspaltung beispielsweise in jeweils eine

- Vertriebsgesellschaft
- Entwicklungsunternehmen
- Fertigungsfirma

können funktionale Unternehmensbereiche erworben werden, während die nicht erworbenen Bereiche von einem anderen Unternehmen gekauft werden oder liquidiert werden. Selbstverständlich ist auch der Erwerb ausschließlich einzelner Vermögensteile, z. B. eines Fertigungsbetriebes möglich. Auch an eine regionale Unternehmensaufspaltung kann gedacht werden. Daß durch eine solche Unternehmensaufspaltung besondere rechtliche Risiken eingegangen werden, soll hiermit besonders betont werden.
Bei einem Kauf sollten die Zahlungsbedingungen rezessionsbezogen vereinbart werden. Das kann besonders durch eine zeitlich gestaffelte Bezahlung erfolgen:

- Kauf auf Ratenzahlung in den nächsten Jahren
- Kauf auf Rentenbasis für den Eigentümer
- Kauf durch Überlassung einer Minderheitsbeteiligung am eigenen Unternehmen

Um den Übergang des erworbenen Unternehmens problemlos zu machen, empfiehlt es sich soweit wie möglich den Verkäufer für eine gute Abwicklung des Überganges einzuspannen. Das kann auf verschiedene Arten erfolgen:

- Managementfunktion für eine Übergangszeit
- Beratungsvertrag für wichtige Aufgaben
- Erfolgsbeteiligung für das 1. Jahr nach dem Erwerb
- Kauf nur einer Mehrheitsbeteiligung

Oftmals empfiehlt es sich den Eigentumswechsel an einem Unternehmen nicht oder zumindest nicht in der Rezessionsphase publik werden zu lassen. So sind beispielsweise Kredite leichter erlangbar, wenn ein Unternehmen ohne ein Wechsel der Firma die Bilanzen der letzten 5 Jahre vorlegen kann.
Von einer Fusion mit einem erworbenen Unternehmen sollte in der Rezession Abstand genommen werden. Dafür bietet sich erst eine aufsteigende Konjunktur an, wenn nach ein bis zwei Jahren das Kaufrisiko durch Zeitablauf wesentlich verringert ist.

E. Erhöhen Sie Ihre Unternehmensflexibilität

Durch die Wirtschaftsflaute wird das Umfeld jedes Unternehmens grundlegend verändert:

- Absatzmärkte
- Kapital- und Geldmarkt
- Arbeitsmarkt
- Beschaffungsmarkt

Auf diese durchschlagenden Veränderungen muß ein Unternehmen reagieren, um die Auswirkungen der Rezession zu bekämpfen. Nur wenn dieser Kampf erfolgreich bestanden wird, können Verluste vermieden und wieder Gewinne gemacht werden.
Um jedoch diesen Kampf führen zu können, muß das Unternehmen und sein Management flexibel sein, muß auf Flautenfolgen beweglich reagieren und muß neue und zusätzliche Aktivitäten und Aktionen durchführen können.
Je geringer die Unternehmensflexibilität ist, umso begrenzter sind Möglichkeiten und Waffen für die Rezessionsbekämpfung. Parallel zum Kampf gegen die Rezessionswirkungen gilt es deswegen in der Flaute die innerbetriebliche Inflexibilität des Unternehmens soweit wie möglich abzubauen. Nur wenn weitgehend alle hemmenden und begrenzenden Einflüsse abgebaut sind, kann die Flautenbekämpfung mit maximalem Einsatz und damit auch mit den größten Erfolgserwartungen erfolgen.
Dazu stellt sich natürlich die Frage, durch welche Gegebenheiten die Flexibilität eines Unternehmens merklich eingeschränkt ist. Vornehmlich sind das die Faktoren:

- Geisteshaltung
- Fixkosten
- Verträge
- Mitarbeiter
- Kapital
- Standort

Natürlich gibt es weitere Einflüsse, welche die innerbetriebliche Flexibilität jedes Unternehmens einengen. Diese Einflüsse haben aber in der Regel geringere Bedeutung.

(1) Geisteshaltung

Jedes Unternehmen ist durch eine bestimmte Geisteshaltung geprägt. Sie hat ihren Ursprung in einer Reihe von Quellen:

- Einstellungen der Eigentümer
- Überzeugungen des Managements
- Tradition des Unternehmens
- Üblichkeiten der Vergangenheit

Ist die Geisteshaltung vom Management und Mitarbeiter eines Unternehmens unbeweglich und unaufgeschlossen, so wird dieses Unternehmen sich in der Flautenbekämpfung schwer tun, wenn es nicht gelingt, diese Geisteshaltung abzubauen und durch eine rezessionsgerechte Haltung zu ersetzen:

- Infragestellen von Gegebenheiten und bisherigen Verhaltensweisen
- Erarbeitung und Prüfung neuartiger und unkonventioneller Lösungen
- Reaktionsfähigkeit auf Flautenwirkungen
- Veränderungsfreundlichkeit und -bereitschaft
- Verzicht auf manche liebe Gewohnheit

Daß dies ein langwieriger Erziehungsprozeß ist, der durch die oberste Leitung erreicht und mit langem Atem durchgezogen werden muß, ist genauso klar wie die Binsenweisheit, daß mit den alten Methoden und Verhaltensweisen aus Hochkonjunkturzeiten nicht gegen die Rezession erfolgreich angegangen werden kann.

(2) Fixkosten

Es gibt nur zwei Möglichkeiten das Fixkostenproblem in den Griff zu bekommen:

- Möglichst hohe Auslastung der fixkostenverursachenden Faktoren
- Abbau der fixkostenbestimmenden Gegebenheiten

Da die erste Möglichkeit durch die Rezessionsauswirkungen nur mit begrenzten Erfolgsaussichten verbunden ist, sollte auf sie wohl nicht verzichtet werden, aber die zweite der beiden Möglichkeiten muß mit Nachdruck verfolgt werden.

Zur Verminderung der Fixkosten eines Unternehmens können vornehmlich drei Techniken eingesetzt werden:

1. Fixkostenauflösung

Werden die fixkostenverursachenden Gegebenheiten dezimiert, so kommt es zur Fixkostenauflösung. Das kann in der Rezession für eine Reihe von Gegebenheiten ersatzlos erfolgen, denn die Voraussetzungen haben sich gegenüber der Hochkonjunktur wesentlich geändert:

Fixkostenauflösung
Abschaffung von Unternehmensstellen, so zum Beispiel ● Kasse ● Lagerbuchhaltung ● Lehrwerkstatt ● Nachkalkulation ● Statistik ● Verkaufsniederlassungen Austritt aus Vereinen und Verbänden. Kündigung von Zeitschriften- und Lose-Blatt-Abonnements. Kündigung von langfristigen Dienstleistungsverträgen. Verkauf von unbenutzten Anlagegütern. Vermietung von Grundstücken und Gebäuden, Fertigungs- und Lagerhallen. Verzicht auf bestimmte Unternehmensaktivitäten: ● Ausbildung ● Forschung ● Freiwillige Sozialeinrichtungen ● Permanente Inventur ● Werksnormung ● Zeitschrift für Kunden

Eine ersatzlose Fixkostenauflösung ist natürlich nur in begrenztem Umfang möglich.

2. Fixkostenverminderung

Eine Verminderung der Fixkosten kann vornehmlich dadurch erreicht werden, daß die Fixkostenbasis beeinfluß wird. Dafür gibt es mehrere Ansatzpunkte. Beispiele dafür weist die folgende Liste aus:

Ansatzpunkte zur Fixkostenauflösung
Abbau des Fahrzeugparkes ● LKW ● PKW ● Innerbetriebliche Transporteinrichtungen Ausdünnung des Kundendienstnetzes. Einführung von Konsignationslägern anstelle von Eigenlägern. Einschränkung von Forschung und langfristiger Entwicklungen. Reduktion von gemieteten Räumen: ● Büros ● Fertigungsflächen ● Lager ● Sonstige Reduzierung der Amtsleitungen für Telefon und Telex. Quartalsweise Gehaltsabrechnung. Verbesserung der Energiebezugsbedingungen durch Verhandlungen. Verhandlungen zur Verminderung von Miet- und Pachtzahlungen. Verkleinerung einer gemieteten Computeranlage. Verminderung der Versicherungssummen und Einräumung eines Selbstbehalts. Verringerung der in Lizenz genutzten Computerprogramme. Verringerung der Wartungsverträge für Maschinen und Anlagen: ● Büromaschinen ● Computer und periphere Geräte ● Fertigungsanlagen und -maschinen ● Kommunikationseinrichtungen

3. Fixkostenumwandlung

Durch die Umwandlung von Fixkosten in beeinflußbare Kosten tritt zunächst natürlich keine Kostenminderung ein, aber das angestrebte Ziel, die Flexibilität des Unternehmens zu erhöhen, wird natürlich erreicht. In Abhängigkeit von den Erfordernissen der folgenden Rezessionsbekämpfung ist es nun möglich beweglicher zu handeln.

Die Umwandlung von Fixkosten in beeinflußbare Kosten kann auch wieder in verschiedener Weise erreicht werden. Beispiele dafür weist die nachstehende Liste aus:

Fixkostenumwandlung
Abschluß von Dauerarbeitsverträgen nur mit einer Kernbelegschaft und Ergänzung durch ● Leihpersonal ● Aushilfen ● Saisonarbeitern ● Zeitpersonal Einsatz von Copy-Agreement-Verträgen anstelle von gekauften Kopiergeräten. Kündigung von Dauerabnahme- oder -lieferverträgen. Leistungsentlohnung im Bürobereich. Senkung des Fixums bei Reisenden und Verkaufsfahrern mit Erhöhung der Provisionen. Vergabe von Schreibarbeiten fallweise an Schreibbüros. Verzicht auf Dauerreisevorschüsse für Mitarbeiter, die häufig Dienstreisen machen. Verzicht auf die regelmäßige Herausgabe einer Mitarbeiterzeitschrift. Verzicht auf Dienstfahrten mit Firmenwagen durch Benutzung der Privatwagen der Mitarbeiter. Wareneingangsprüfung mit einem Stichprobenverfahren anstelle einer Totalprüfung.

Besondere Bedeutung bei der Fixkostenumwandlung hat der Ersatz von unternehmenseigenen Stellen und Abteilungen durch die Nutzung von Dienstleistungsangeboten:

- Anwälte
- Berater
- Büroarbeitsanbieter
- Dienstleistungsunternehmen
- Freie Mitarbeiter
- Handwerker
- Heimarbeiter
- Lohnfertiger
- Rechenzentren
- Speditionen
- Werkstätten

Im Kapitel III. C »Straffen Sie Ihre Aufbauorganisation« wird auf die Frage dieses »Make-or-buy« eingegangen.

(3) Verträge

Durch rechtskräftige Verträge werden einmal Leistungen und Rechte erlangt, dadurch entstehen aber auch Verpflichtungen und Einschränkungen der Handlungsfreiheit. Deswegen gilt es in der Rezession zunächst eine Liste aller gültigen Verträge aufzustellen, um prüfen zu können, ob die Aufrechterhaltung dieser Verträge auch in der Rezession noch nützlich ist. Vornehmlich die nachstehenden Vertragsarten sollten dabei überprüft werden:

- Abonnements
- Abnahmeverträge
- Arbeitsverträge
- Beratungsverträge
- Dauerlieferungsverträge
- Dienstleistungsverträge
- Heimarbeitsverträge
- Kreditverträge
- Leihverträge
- Mietverträge
- Pachtverträge
- Serviceverträge
- Unterstützungsverträge
- Vermittlungsverträge
- Versicherungsverträge
- Vertretungsverträge
- Wartungsverträge

Diese rezessionsbezogene Prüfung der bestehenden Verträge sollte für eine Reihe von Verträgen die Entscheidung bedingen sie

- aufzulösen,
- zu verändern oder
- anzupassen.

Um dies zu erreichen können verschiedene Rechtswege beschritten werden. Für jeden Vertrag, der einer rezessionsbezogenen Korrektur bedarf, kann eine oder auch mehrere der folgenden Möglichkeiten benutzt werden:

- Kündigung des Vertrages
- Abschluß eines Aufhebungsvertrages
- Vertragliche Änderung des bestehenden Vertrages
- Umwandlung in einen befristeten Vertrag
- Abschluß eines Ersatzvertrages

(4) Mitarbeiter

Die Belegschaft eines Unternehmens ist einerseits sein »menschliches Potential«, das wesentlich zum Erfolg und zum Gewinn des Unternehmens beiträgt. Andererseits sind die Mitarbeiter natürlich auch eine Kostenquelle, die teilweise fixkostenähnliche Eigenschaften haben kann. Die Belegschaft aus konjunkturellen Hochzeiten kann für die Wirtschaftssituation der Rezession und Stagnation nicht beibehalten werden, wenn das Unternehmen nicht ernstlich gefährdet werden soll.
Deswegen ist es notwendig, auch die Belegschaft hinsichtlich ihrer

- Quantität
- Qualifikationsstruktur
- Einsatzart

zu verändern. Im Kapitel V. A »Optimieren Sie Ihren Personaleinsatz« wird auf diese Anpassungsnotwendigkeiten ausführlich eingegangen.

(5) Kapital

»Ohne Moos nichts los« – diese Volksweisheit gilt natürlich auch für die Bekämpfung der Rezessionsauswirkungen. Die Rezession übt eine zweifache Wirkung auf das Kapital aus:

- Der Kapitalbedarf wird in der Rezession tendenziell größer:
  –Schleppender Zahlungseingang
  –Langsamerer Lagerbau
  –Geringere oder keine Gewinnerzielung
- Zur Rezessionsbekämpfung müssen Maßnahmen ergriffen werden, die häufig mit Kapitalbedarf verbunden sind:

–Rationalisierungsinvestitionen
–Unternehmenserwerb
–Aktivitätsbedürfnisse

In dem Kapitel über die Stärkung der Eigenkapitalbasis wird auf die Befriedigung des Kapitalbedarfes eingegangen.

(6) Standort

Jedes Unternehmen ist an die Gegebenheiten seines Standortes gebunden. Dadurch kann seine Flexibilität zur Bekämpfung der Rezessionswirkungen eingeengt sein:

- Lokal oder regional begrenztes Kundenpotential
- Erhöhte Kostenbelastung durch lokale Gegebenheiten:
  –Feiertage
  –Energieversorgungstarife
  –Transportkosten
  –Hebesätze bei Grundsteuer, Gewerbesteuer usw.
  –Kommunikationskosten
- Lokale Wettbewerbsdichte
- Transportaufwand für Beschaffung und Vertrieb

Die Änderung des Standortes eines Unternehmens kann seine Flexibilität wesentlich verbessern. Deswegen ist zu prüfen, ob solche Unternehmen, welche durch ihren Standort in ihrer Flexibilität oder in anderen Eigenschaften gehandicapt sind, durch einen Wechsel des Standortes nicht wesentliche Vorteile in der Rezessionsbekämpfung gewinnen können.

Das ist besonders bei solchen Unternehmen möglich, deren Standortbindung gering ist:

- Beratungsunternehmer
- Bauunternehmen
- Freie Berater
- Großhandel
- Verlage
- Versandunternehmen

- Vertretungen
- Zulieferhandel

Durch die kommunale Förderung der Unternehmensansiedlung können bei einer Standortverlegung teilweise erhebliche zusätzliche Vorteile erlangt werden.

F. Entrümpeln Sie Ihr Unternehmen

Bei jedem Umzug zeigt es sich, daß sich unnötige und überzählige Gegenstände, daß sich Gerümpel unter dem Dach und im Keller, in Schränken und Schüben angesammelt hat.
In Unternehmen ist es ebenso ! Nur mit dem Unterschied, daß es sich in der Regel nicht um Gegenstände handelt, sondern um eine Vielzahl von

- Gegeben- und Gewohnheiten,
- Rechten und Privilegien,
- Aufgaben und Arbeiten,

welche in schlechten Zeiten untragbar sind. Um die Rezession wirksam zu bekämpfen, muß das Unternehmen auch von diesen Gegebenheiten entrümpelt werden.
Dazu eignet sich natürlich die Zeit des Kampfes gegen die Rezessionswirkungen auch besonders gut. Denn jeder Mitarbeiter sieht ein, daß nun

- alle Hemmschuhe abgeschüttelt werden müssen,
- auf manche liebe Gewohnheit verzichtet werden sollte,
- auch erworbene Rechte preisgegeben werden müssen,
- mancher alte Zopf abgeschnitten werden sollte und
- Aufgabenabwicklungen entschlackt und ausgedünnt werden sollten.

Diese Aufgabe ist sicherlich nicht von erstrangiger Bedeutung – aber sie darf auch nicht unterlassen werden.

(1) Berichte

In manchen Unternehmen erstellen die Mitarbeiter eine Vielzahl von Berichten:

- Arbeitsberichte
- Besuchsberichte von Reisenden und Vertretern
- Tätigkeitsberichte je Tag, Woche oder Monat
- Gesprächsnotizen über Verhandlungen

- Rechenschaftsberichte über Tätigkeitserfolge
- Terminberichte über die Fertigung

Diese Beispiele sind nur eine kleine Auswahl von Berichtsformen, die man in manchen Unternehmen vorfinden kann. Die Erstellung solcher institutionalisierter Kontrollunterlagen kostet erhebliche

- Zeit des Berichtserstatters,
- Kapazität der Schreibdamen und
- Mühe, sie zu lesen und auszuwerten.

Kurz, sie kosten beträchtliches Geld und der Nutzen ist oftmals gering oder es wird auf eine effektive Nutzung verzichtet, weil die systematische und aktuelle Auswertung der erstellten Berichte wieder zu aufwendig ist.
Deswegen gilt es zunächst ersatzlos alle Berichte und ähnliche Berichterstattungen zu streichen, aus denen nicht echter Nutzen gezogen wird. Die Aussage dabei lautet »gezogen wird« und »nicht gezogen werden kann«.
Entscheidend ist folglich ausschließlich, ob Berichte erfolgreich genutzt werden oder nicht. Alle anderen sollten ersatzlos eingespart werden.

(2) Ausschüsse

Der Verein des Geschäftslebens ist der Ausschuß. Und wie jeder Verein ein Eigenleben besitzt, so entwickelt jeder Ausschuß ein Eigenleben, gleichgültig ob er wichtige Aufgaben zu erledigen hat oder ob er nur noch Rest- und Scheinaufgaben erledigt.
Dabei werden Ausschüsse mit einer Reihe unterschiedlicher Namen bezeichnet:

- Arbeitskreis
- Gremium
- Kollegium
- Kommission
- Komitee
- Projektgruppe
- Team

Prüfen Sie, welche Ausschüsse wirklich notwendig sind. Alle anderen Ausschüsse sollten sofort aufgelöst werden.
Sollten nach dieser Prüfung Ausschüsse noch weiter erforderlich sein, so sollte ihre Arbeit mittels der nachfolgenden Checkliste möglichst effizient gemacht werden.

Checklist Ausschußarbeit
– Kann der Ausschuß mit weniger Mitgliedern seine Aufgaben ebenfalls lösen? – Ist es möglich, mit einem kleinen Unterausschuß die Arbeit durchzuführen und dem Gesamtausschuß nur die Entscheidungen zu überlassen? – Kann die Häufigkeit der Ausschußsitzungen vermindert werden? – Wird durch straffere Ausschußführung die Sitzungsdauer vermindert? – Kann ein Teil der Ausschußaufgaben auf einzelne Mitarbeiter delegiert werden? – Ist es möglich, anstelle einer Ausschußsitzung eine Telefonkonferenz treten zu lassen? – Erhalten die Ausschußmitglieder vor den Sitzungen alle notwendigen Unterlagen? – Bereiten sich die Mitglieder auf die Ausschußsitzungen vor?

(3) Veranstaltungen

Regelmäßige und gelegentliche Veranstaltungen können nützlich und ertragsreich sein. Oftmals sind sie jedoch überwiegend nutzlos und kostenreich. Außerdem halten sie die Mitarbeiter von ihren Arbeitsaufgaben ab.
Deswegen sollten die unterschiedlichen Arten von betrieblichen Veranstaltungen geprüft werden, ob sie ihr Geld wert sind:

- Sitzungen wie Konferenzen, Besprechungen, Tagungen, Klausuren, Meetings, Verhandlungen, Beratungen usw.
- Schulungen wie Lehrgänge, Seminare, Kurse, Vorträge, Workshops, Erfahrungsaustausche usw.
- Feierlichkeiten wie Arbeitnehmerjubilaren, Ehrungen, Verabschiedungen, Freisprechungen, Grundsteinlegungen, Richtfeste, Tag der offenen Tür usw.
- Betriebsfeste wie Weihnachtsfeiern, Betriebsausflüge, Büroparties, Sommerfeste, Volksfestbesuche usw.

Für jede dieser Veranstaltungen ist zu untersuchen und festzulegen, ob sie nicht ersatzlos gestrichen werden kann. Zeigt sich, daß dies aus gewichtigen Gründen nicht möglich ist, so kann die nachfolgende Checklist zur Erhöhung der Effizienz bei Veranstaltungen gute Dienste leisten:

Checklist Veranstaltungen
– Können zwei oder mehrere Veranstaltungen zusammengelegt werden? – Ist es möglich, den Teilnehmerkreis einer Veranstaltung wesentlich zu verringern? – Werden alle Veranstaltungen in eigenen Räumen durchgeführt? – Wird auf das Angebot von Erfrischungen, Imbissen und Tabakwaren verzichtet? – Werden gesellige Veranstaltungen ausschließlich durch Mitarbeiter gestaltet? – Wird bei Feiern und Festen mit Selbstbedienung gearbeitet? – Ist die Ausgabe von Getränken bei Festen und Feierlichkeiten durch Bons geregelt? – Kann auf die Einladung von Familienangehörigen verzichtet werden?

(4) Datenspeicher

Aufgrund gesetzlicher oder verordnungsbezogener Vorgaben sind bestimmte Belege, Daten und Geschäftsunterlagen eine bestimmte Zeitdauer aufzubewahren. Daneben gibt es eine Reihe von Informationen, die für die zukünftigen Geschäftstätigkeiten nützlich sind.
Alle anderen Datenspeicher sollten schleunigst aufgegeben werden und vor allem nicht mit oft erheblichem Arbeitsaufwand fortwährend aktualisiert werden, denn dies ist in der Regel sehr kostenaufwendig und der Nutzen oftmals gering. Dabei sind alle Arten von Datenspeicher zu prüfen, ob sie weitergeführt werden müssen oder ob auf sie verzichtet werden kann:

- Ablagen
- Aktenbestände
- Archive
- Dateien
- Datenbestände

- Karteien
- Registraturen

Solche Datenbestände können auf unterschiedlichen Unternehmensebenen angesiedelt sein:

- Zentralbestände
- Abteilungsbestände
- Arbeitsgruppenbestände
- Arbeitsplatzbestände

Nach ihrer Erfassung gilt es für jeden Bestand zu entscheiden, ob er weitergeführt werden soll. Besonderes Augenmerk gilt es dabei auf doppelt geführte Datenbestände zu halten, die entweder auf unterschiedlichen Unternehmensebenen oder bei mehreren Arbeitsplätzen oder Abteilungen vorhanden sind.

(5) Statistiken

Statistiken sind beliebt und häufig. Da ihre Erarbeitung in der Regel recht teuer ist, muß geprüft werden, welche von ihnen ihr Geld wert sind. Das ist oft nicht der Fall. Deswegen gilt es die Zahl der Statistiken drastisch zu verringern.

Viele Statistiken können ersatzlos entfallen, weil

- sie doppelt ausgearbeitet werden,
- ihr Inhalt nicht von besonderer Bedeutung ist,
- ihre Erstellungskosten den Nutzen übersteigen,
- sie zur Erreichung der angestrebten Ziele nicht beitragen,
- sie sich mit anderen Statistiken überschneiden,
- sie grundlos erstellt werden, da der ursprüngliche Grund zwischenzeitlich entfallen ist.

Solche Statistiken sollten sofort ersatzlos gestrichen werden. Für die verbleibenden, also benötigten Statistiken, sollte überlegt werden, ob sie

- vereinfacht und in ihrem Umfang verkleinert werden können,
- nicht mit anderen Statistiken zusammengelegt werden können,
- durch die EDV maschinell erstellt werden können,

- nicht durch den Verzicht auf die bisherige Genauigkeit mit weniger Aufwand erstellt werden können oder
- durch besondere Maßnahmen kostengünstiger erstellt werden können.

(6) Formulare

Die Zahl der Formulare wächst unaufhaltsam! Wird dieses Wachstum nicht gestoppt, dann gibt es im Unternehmen oft mehr Formulararten als Mitarbeiter. Und da Formulare teuer sind – ein Formularsatz mit mehreren unterschiedlichen Vordruckdurchschlägen kostet mehrere Mark – ist es notwendig, diesen Bereich mit Nachdruck zu entrümpeln:

- Senkung der Formularzahl
- Zusammenlegung von Formularen
- Auflagenerhöhung bei Nachdrucken
- Kostengünstigere Erstellung
- Arbeitsoptimale Gestaltung

Bei Formularen, die mit der EDV beschriftet werden, ist natürlich zu beachten, daß jede Formularänderung auch eine Programmänderung bedingen kann.

(7) Vorgaben

In vielen Unternehmen ist es wie bei der Bürokratie. Durch eine Vielzahl von Gesetzen und Verordnungen werden Kleinigkeiten und Selbstverständlichkeiten geregelt. Der einzige Unterschied ist der, daß in Unternehmen mit anderen Bezeichnungen gearbeitet wird:

- Arbeitsanweisungen
- Aufgabenregelungen
- Dienstanweisungen
- Geschäftsleitungsdirektiven
- Geschäftsordnungen
- Organisationsrichtlinien

- Personalanweisungen
- Rundverfügungen
- Statuten

Oftmals sind solche Vorgaben überaltert und überholt. Sie sollten auf die wenigen noch relevanten Vorgaben reduziert werden.

(8) Zusatzaufgaben

Eine Reihe von Mitarbeitern üben in der Regel unterschiedliche Zusatzaufgaben neben ihren eigentlichen Arbeitsobligenheiten aus:

- Interne Zusatzaufgaben wie zum Beispiel Schulungen, Dolmetschertätigkeiten, Sonderarbeiten usw.
- Ehrenämter in Kammern und Kommissionen, Berufsvereinigungen und Verbänden
- Lehrveranstaltungen an Fachhochschulen und Universitäten, bei Kongressen und Symposien
- Nebentätigkeiten unterschiedlichster Art

Diese Zusatzaufgaben sollten, soweit es sich um interne Aufgaben handelt, möglichst eingeschränkt werden. Bei den externen Tätigkeiten muß unterschieden werden, ob sie im Interesse des Unternehmens liegen. Sollte das nicht der Fall sein, so ist häufig ein Verbot arbeitsrechtlich nicht durchsetzbar und wäre außerdem mit einer erheblichen Frustration des Mitarbeiters verbunden. Deswegen sollten solche Tätigkeiten ausdrücklich mit der Maßgabe gebilligt werden, daß die dadurch ausgefallene Arbeitszeit nachgearbeitet wird.

(9) Privilegien

Im Laufe der Jahre haben manche Mitarbeiter Privilegien unterschiedlicher Art erlangt, so zum Beispiel

- Dienstwagen für den Privatgebrauch
- Telefonkostenübernahme
- Dienstabonnement für Zeitungen und Zeitschriften

- Kostenlose Tankfüllung
- Gartenarbeiten durch die Betriebsgärtnerei
- Wagenwäsche des Privatwagens

Diese Liste läßt sich mit vielen weiteren Beispielen verlängern. Alle Privilegien sollten ermittelt werden. Dabei ist zu prüfen, ob die vorliegenden Privilegien arbeitsvertraglich zugesagt sind. Ist das nicht der Fall, so sollten alle Privilegien, auch die des obersten Managements, auf das Notwendige reduziert werden.

Eine andere Lösung wird von wenigen Unternehmen praktiziert. Dort wurden die Privilegien ausgedehnt. Sie werden soweit wie möglich allen Mitarbeitern gewährt. Dies erfolgt jedoch gegen einen gemäßen Kostensatz.

G. Vermindern Sie Ihre Ausgaben

Die Verringerung der Ausgaben hat eine mehrfache Wirkung. Deswegen sollte in der Rezession die Ausgabeneinschränkung eine der wesentlichen Aufgaben sein:

- Der Bedarf an Zahlungsmitteln wird verkleinert.
- Üblicherweise ist Ausgabenverminderung mit einer Kostensenkung verbunden.
- Der Verwaltungsaufwand wird verringert.

Die Ausgaben können durch mehrere Maßnahmen vermindert werden. Sie sollten genau geprüft werden, um die genannte mehrfache Wirkung zu erreichen:

- Verzicht auf ausgabenrelevante Leistung
- Verkleinerung des Mengenbedarfs
- Verminderung der zu bezahlenden Preise
- Verschiebung von Ausgaben
- Umgehung von Ausgaben
- Veränderung der Leistungserlangung

Den vielen Vorteilen der Ausgabenverminderung steht als wesentlicher Nachteil gegenüber, daß auch die steuerwirksamen Ausgaben damit vermindert werden.
Die Aufgabe der Ausgabensenkung besitzt natürlich einen Gefahrenpunkt, dem wesentliche Beachtung geschenkt werden muß. Auf eine Reihe von Aufgaben kann verzichtet werden, wenn man das Kaufen durch ein »Do-it-yourself« ersetzt. Diese Substitution von Kauf durch Eigenfertigung darf natürlich nur nach einer fundierten »Make-or-buy-Analyse« erfolgen, da sonst der Teufel mit dem Beelzebub ausgetrieben wird.

(1) Verzicht auf Ausgaben

Prüfen Sie, ob Sie auf die nachstehenden Leistungsarten während eines gewissen Zeitraumes, also bis die Rezession und Stagnation überwunden ist, verzichten können:

Ausgabenverzicht?
– Abonnements von Loseblattwerken – Aushilfskräfte für Saisonarbeiten, Urlaubsvertretungen, Abschlußarbeiten usw. – Beiträge zu Vereinen, Verbänden, Vereinigungen usw. – Beschaffung von Büchern – Betriebsveranstaltungen wie Weihnachtsfeiern, Firmenjubiläum usw. – Bewirtung von Geschäftsfreunden, Besuchern usw. – Erfrischungen bei Konferenzen, Tagungen, Sitzungen usw. – Erwerb von Fachzeitschriften – Externe Fortbildung der Mitarbeiter – Gefälligkeitsanzeigen in Vereinszeitungen – Konferenzen außerhalb des Unternehmens in Hotels, Tagungszentren, Gaststätten usw. – Unterstützungszahlungen – Versicherungen mit geringem Schutzumfang oder Risiko – Wartungsverträge für Büromaschinen – Zuschüsse zu Festen, Feiern usw.

In der Rezession haben die Mitarbeiter, wenn es um die Existenz ihres Arbeitgebers geht, Verständnis auch für Ausgabenverzichte, die sie direkt treffen.

(2) Verkleinerung der Beschaffungsmengen

Eine Ausgabe errechnet sich bekanntlich durch Multiplikation von Preis und Menge. Durch Verkleinerung eines oder beider Multiplikatoren wird auch der Ergebniswert, also die Ausgabe, kleiner.
Wenn es nicht möglich ist, auf eine Ausgabe zu verzichten, so sollte im nächsten Schritt geprüft werden, ob eine Mengenreduktion möglich ist. Das kann für Dauer oder auch nur für die Zeit der Wirtschaftsflaute erfolgen.

Ausgabenminderung durch Mengenreduktion	
Ausgabenerfordernis	Maßnahmen
Ausstellungsbesuche	Nur ein Mitarbeiter besucht die unternehmenswichtigen Messen und Ausstellungen. Er erhält dazu Aufträge von den anderen Stellen und berichtet ihnen.
Ausstellungsteilnahme	Auf die in den letzten Jahren am wenigsten umsatzbringenden Ausstellungen und Messen wird ersatzlos verzichtet.
Briefe	Sammelbriefe an alle häufig angeschriebenen Kunden und Lieferanten.
Büromaterial	Beschaffungen oder Ausfassungen aus dem Lager nur nach Genehmigung auf Anforderungsformularen.
Dienstreisen	Nur ein einziger anstelle mehrerer Mitarbeiter erledigt externe Aufgaben.
Energie	Mit einem Energiesparprogramm ist der Energieverbrauch nachhaltig zu senken.
Insertion	Verminderung der Anzeigenzahl: – Werbeanzeigen – Stellenangebote – Gefälligkeitsanzeigen
Reinigung	Verminderung der Reinigungsfrequenz. Arbeitsplatzsäuberung durch die Arbeitsplatzinhaber.
Telefongespräche	Verbot von Privatgesprächen. Einrichtung einer öffentlichen Telefonzelle im Betriebsgelände.
Vervielfältigungen	Einführung von Schlüsselzählern für allgemein zugängliche Kopiergeräte.

(3) Preissenkungen tun Not

Durch intensive Gespräche mit den Lieferanten muß versucht werden, die Preise merklich zu senken. Die Rezession und die Möglichkeit des Eintretens in Wettbewerbsangebote sollten dabei wesentliche Argumente sein.

Dabei sollten nicht nur Preissenkungen angestrebt werden. Durch Verbesserung der Nebenbedingungen kann ein weiterer ausgabensenkender Effekt erreicht werden:

- Erhöhung des eingeräumten Skontos
- Verlängerung der Skontofrist
- Einräumung von Rabatten
- Kostenlose Verpackungsbeistellung
- Rückgabe der Verpackung gegen Bezahlung
- Übernahme der Transportkosten
- Übernahme des Transportrisikos

Für alle regelmäßigen oder gelegentlichen Beschaffungen von Gütern oder Inanspruchnahme von Dienstleistungen sollten mit den Lieferanten vertragliche Vereinbarungen getroffen werden, die Preisreduzierungen und Verbesserungen der Nebenbedingungen einschließen sollten.

Nach Abschluß solcher Verträge muß jedoch immer darauf geachtet werden, daß der Vertragspartner nicht durch direkte oder indirekte Preiserhöhungen die Vertragsvereinbarungen unterläuft.

Um den Einkäufern ihre Erfolge bei Einkaufsgesprächen aufzuzeigen und um sie zu motivieren, hat sich das »Zwei-Karten-System« bewährt. Für jede Beschaffung erstellt jeder Einkäufer eine Formularkarte mit den Vertragsangaben und den Preisveränderungen:

- Grüne Erfolgskarte für Preissenkungen gegenüber Preisvorgaben oder dem bisherigen Preis.
- Rote Mißerfolgskarte für jede Preiserhöhung gegenüber den bisherigen Preisen oder einer Preisvorgabe.

Monatlich oder wöchentlich wird ein Ergebnis ermittelt. Durch Prämierungen des besten Einkäufers wurden mit diesem System schon hervorragende Ergebnisse erzielt.

Ausgabensenkende Vertragsvereinbarungen		
Vertragspartner	Vertragsinhalt	Ausgabenminderungsziel
Büromaterialhändler	Exklusive Büromaterialbelieferung	30%
Büromöbellieferant	Ausschließlichkeitsvertrag	30%
Druckerei	Formulare Gelegenheitsdrucke Großaufträge	25% 15% 40%
Gaststätte	Exklusive Mitarbeiterverpflegung	30%
Hotel	Am Standort für Kundenempfehlung An Orten mit häufigen Mitarbeiterübernachtungen	25% 25%
Kopieren	Copy-Agreement-Vertrag	Stückzahlenabhängig
Mietwagen	Exklusive überregionale Wagenmiete	25%
Reisebüro	Fahr- und Flugkarten, Hotelreservierungen	Auf Teilleistung 20%
Restaurant	Kundenbewirtung	30%
Spedition	Ausschließlichkeitsvertrag für Eigentransporte und Lieferantenanlieferungen	25%
Stellenanzeigen	Anfallsbezogene Veröffentlichungen	20%
Vervielfältigungen	Exklusivvertrag für Lichtpausen, Mikroverfilmung usw.	40%

(4) Ausgabenverschiebungen

Geld, das ich heute besitze, ist mehr wert, als Geld, das ich erst in der Zukunft habe! Diese Binsenweisheit ist der Grund für Zinsforderungen und Zinszahlungen.
Daraus resultiert natürlich auch, daß versucht werden muß, den Zeitpunkt von Ausgaben möglichst in die Zukunft zu schieben. Das kann auf mehrere Arten erfolgen:

- Durch Sammelrechnungen, welche erst zum Monats- oder Quartalsende ausgestellt werden, wird ein indirekter Lieferantenkredit eingeräumt.
- Durch Scheckzahlungen anstelle von Überweisungen wird der Zahlungsbetrag 6 bis 10 Arbeitstage später von ihrem Konto abgebucht.
- Durch Stichtagsbezahlung, wie das bei Einsatz der EDV üblich ist, wird die Skontofrist verlängert. Dazu ist die Einwilligung des Lieferanten notwendig, daß die Zahlung mit der ersten EDV-Zahlungsbearbeitung erfolgt, die nach Ablauf der Skontofrist erfolgt.
- Durch vertragliche Vereinbarungen von längeren Skonto- und Zahlungsfristen.

(5) Umgehung von Ausgaben

Ausgaben können bei Gegengeschäften umgangen werden, da hier eine zwischenbetriebliche Verrechnung vereinbart werden kann. Das kann eine Reihe von Vorteilen neben der Ausgabenumgehung bedingen:

- Verminderung der Preise durch gegenseitige Einräumung eines Gegengeschäftsrabattes
- Vergrößerung des Umsatzvolumens durch den Gegengeschäftsrabatt mit den Vertragspartnern
- Vereinbarung eines »Swings« kann einen zusätzlichen Lieferantenkredit bedeuten
- Verkleinerung des Arbeitsaufwandes durch Wegfall des Zahlungsverkehrs

Der direkte Tausch von Gütern zwischen Unternehmen umgeht gesetzliche Vorschriften. Er ist deswegen rechtlich nicht zulässig.

(6) Ausgabenwirksame Veränderungen der Leistungserlangung

Jeder Kauf ist dadurch gekennzeichnet, daß der Eigentumsverschaffung die Kaufpreiszahlung gegenübersteht. Das Ziel, das häufig mit einem Kauf angestrebt wird, ist aber häufig gar nicht das Eigentum an einem Gut, einer Maschine oder einem Auto, sondern das Nutzungsrecht. Maschinen werden in aller Regel nicht als Wertanlage gekauft, sondern um die Nutzungsmöglichkeit zu erlangen.

Da ein Nutzungsrecht auch über andere vertragliche Vereinbarungen erlangt werden kann, als ein Kauf, sollten diese Vertragsarten geprüft werden, um Ausgaben erst zu einem späteren Zeitpunkt vornehmen zu müssen:

- Leasing
- Miete
- Pacht

Die Zahlungen erfolgen hier entsprechend dem Zeitablauf und damit üblicherweise entsprechend der Nutzung. Dieser Nutzung stehen folglich zeitentsprechend oder nur gering versetzt Einnahmen gegenüber. Daß diese Vertragsarten natürlich ausgabenerhöhende Bedingungen haben können, muß in die vorzunehmende Wirtschaftlichkeitsanalyse einbezogen werden.

Daneben sollte durch Nutzung des Wettbewerbes und auch durch unkonventionelle Lösungen versucht werden, die Ausgaben zu vermindern. Beispiele für Ansatzpunkte zeigt die nachfolgende Tabelle.

Unkonventionelle Ansatzpunkte zur Ausgabenminderung	
Büromaschine	Gebraucht- oder Rebuilt-Maschinen
Büromaschinenwartung	Verzicht auf Wartungsverträge mit den Herstellerunternehmen oder Vergabe an freie Mitarbeiter
Drucksachen	Druckshop
Elektrizität	Sonderabnahmevertrag
EDV-Hardware	Second Hand Computer Mixed Hardware
Investitionsgüter	Gebrauchte Anlagen und Maschinen erwerben bei – Betriebsauflösungen – Gebrauchtmaschinenhändlern – Konkursversteigerungen – Liquidationsverkäufen
Luftfracht	Sondertarife, beispielsweise: 45 kg-Tarif
Paketversand	Anstelle der Bundespost private Paketunternehmen wie UPD, DPD oder Transoflex
Programme	Erwerb von anderen Anwendern oder Ausarbeitung durch freie Mitarbeiter
Schreibarbeiten	Hausfrauen in Heimarbeit
Übersetzen	Freie Mitarbeiter
Werbesendungen	Holländische Werbeversender

(7) Geringere Steuervorauszahlungen

Sind in der Rezession die Gewinne geschrumpft, dann hat das auch steuerlich Folgen. Mit hoher Wahrscheinlichkeit liegen die Vorauszahlungen erheblich über der erst später vom Finanzamt ermittelten Steuerschuld, denn die Vorauszahlungen sind nach den Veranlagungen besserer Zeiten festgelegt.

Beantragen Sie deswegen eine Herabsetzung der Steuervorauszahlungen. Dazu ist es notwendig, den Gewinnrückgang nachzuweisen:

- Vorlage einer Zwischenbilanz
- Ausweis von rückläufigen Umsatzzahlen

Das Finanzamt ist die ungeeignetste Form der Geldanlage in schlechten Zeiten. Zu hohe Vorauszahlungen an das Finanzamt sollte sich kein Unternehmen leisten.

H. Senken Sie nachhaltig Ihre Kosten

Viele Unternehmen haben bereits in der Zeit vor der Rezession beachtliche Erfolge bei der Kostensenkung erzielt. Diese Erfolge gilt es in der Flaute nicht nur zu sichern, sondern noch zu stärken, denn die Kostensenkung ist natürlich ein nicht unwichtiger Beitrag zur Rezessionsbekämpfung.
An dieser Stelle soll nur auf die zwei Zentralpunkte der Kostensenkung eingegangen werden.

(1) Methoden

Kostensenkung ist Arbeit. Um wirksam die Kosten zu senken, bedarf es effizienter Methoden zu zielgerechtem Vorgehen, um dabei Erfolge zu erreichen:

- Katalogverfahren
  Da in vielen Unternehmen seit vielen Jahren und Jahrzehnten Maßnahmen zur Kostensenkung eingesetzt werden, gibt es einen umfangreichen Erfahrungsschatz, einen Katalog von bewährten Maßnahmen. Dieser Maßnahmenkatalog zur Kostensenkung wird beim Katalogverfahren benutzt.

- Managementmethode
  Mit bewährten Managementmethoden können auf allen Stufen des Unternehmens Maßnahmen
  - erarbeitet,
  - vorgegeben,
  - durchgeführt und
  - kontrolliert

  werden.

- Kostenanalyse
  Die Beeinflußbarkeit und die Ausgabenwirksamkeit von Kosten ist der Ausgangspunkt der Kostenanalyse. In Abhängigkeit von diesen Eigenschaften sind Maßnahmen zu ermitteln und durchzuführen, die besonders erfolgversprechend sind, da sie sich gezielt auf die

Schwachstellen der Kostenstruktur richten. Um schnelle Erfolge bei der Kostensenkung zu erzielen, empfiehlt sich diese Methode besonders.

- Gemeinkostenwertanalyse
  Gedankengut und Methodik der Wertanalyse können auf alle kostenverursachenden Gegebenheiten im Unternehmen angewandt werden. Daß zur Kostensenkung daneben auch die Erzeugnisse wertanalytisch untersucht werden sollten, braucht nicht besonders erwähnt zu werden.

- Kostenengineering
  Die ingenieurmäßige Betrachtung und Beeinflussung der Kosten wird mit dem Begriff »Kostenengineering« bezeichnet. Durch den Einsatz von Ingenieurverfahren und Techniken des Operations Research können bedeutende Kostensenkungen erreicht werden.

- Betriebliches Vorschlagswesen
  Kostensenkung ist nicht nur eine Aufgabe für wenige Spezialisten. Kostensenkung ist eine Aufgabe für den »gesunden Menschenverstand« und damit eine Aufgabe für jeden einzelnen Mitarbeiter. Die Aktivierung aller Mitarbieter zur Kostensenkung ist deswegen erforderlich. Das kann besonders durch die Auslobung von interessanten Erfolgsprämien an die Mitarbeiter für Kostensenkungserfolge erreicht werden.

- Kostenmotivation
  Ein wesentlicher Teil der Kosten wird durch die Mitarbeiter verursacht oder beeinflußt. Zur Kostensenkung ist es deswegen zwingend erforderlich, die Mitarbeiter in jeder Situation zu kostenbewußtem Denken und Handeln zu veranlassen.

- Krisenmethode
  Sind die Mitarbeiter verunsichert, so ist es möglich, Reserven zu mobilisieren, liebe Gewohnheiten abzubauen und neue Methoden und Techniken einzuführen, die ohne Krisenstimmung nicht oder nur mit geringem Erfolg angegangen werden könnten. Die Krisenmethode nutzt diese Tatsache zur Senkung der Kosten des Unternehmens.

- Vorgabeverfahren
  Die »Vergatterung« aller Kostenverantwortlichen, definierte Senkungsvorgaben zu erreichen, ist der Kern des Vorgabeverfahrens. Diese Methode ist gekennzeichnet durch einen autoritären Führungsstil. In vielen Unternehmen ist diese Methode deswegen nur schwer mit dem praktizierten Führungsstil zu vereinbaren.

Die Methode einer oder üblicherweise mehrerer Methoden zur Kostensenkung wird durch mehrere Gesichtpunkte bestimmt:

- Stand der Bemühungen zur Kostensenkung
- Spezifische Gegebenheiten des Unternehmens
- Strategien und Taktiken zur Rezessionsbekämpfung
- Führungsstil und Führungstechniken
- Größe und Komplexität des Unternehmens
- Verfügbarkeit von Erfahrungen und Spezialisten
- Bisherige Erfahrungen und Erfolge bei der Kostensenkung

Kostensenkung ist eine Daueraufgabe für jedes Unternehmen. In der Rezession wird sie jedoch zu einer unabdingbaren Forderung. Wenn sie nicht erreicht wird, dann wird eine wichtige Schlacht im Kampf gegen die Rezession verloren. Um diese Schlacht nicht zu verlieren, ist es notwendig, mit den unternehmensgeeigneten Methoden zu kämpfen.

(2) Maßnahmen

Nur theoretisch ist davon auszugehen, daß in Unternehmen die Leistungserstellung mit den geringsten Kosten erfolgt und kein Kostenanfall gegeben ist, wenn auch keine Leistung erbracht wird:

- Gedankenlosigkeit und fehlende Motivation
- Planungs- und Organisationsfehler
- Fehlerhafte Arbeitsunterlagen
- Unzweckmäßige Durchführung der Arbeitsaufgaben
- Falscher Einsatz der Mitarbeiter
- Ungenügende Aufsicht
- Ausführung unnötiger Arbeiten
- Schlampige Arbeitsdurchführung

- Mangelhafte Fachkenntnisse und Erfahrungen
- Unzulängliche Schulung und Einarbeitung der Mitarbeiter
- Voreingenommenheit und Ressortdenken
- Stress und Zeitdruck bei Entscheidungen
- Die »lieben« Gewohnheiten der Mitarbeiter
- Falsche oder fehlende Informationen
- Nutzung ineffizienter Sachmittel
- Einsatz veralteter Methoden und Techniken
- Verfolgung fehlerhafter Prioritäten

Selbstverständlich ist diese Liste nicht vollständig. Sie läßt sich beliebig verlängern.
Analog zu der Vielzahl der Gründe für kein kostenminimales Arbeiten im Unternehmen gibt es einen umfangreichen Erfahrungsschatz, einen Katalog von bewährten Maßnahmen.[1)]

1) Vgl. Steinbuch, P.A.: So senkt man Kosten, 2. Auflage, Grafenau-Stuttgart-Zürich 1984
Radke, M.: Kosten senkt man heute so – 222 praxiserprobte Maßnahmen zur Kostensenkung, Landsberg 1984

IV. Zielgerichtete Aktionen

Zur Rezessionsbekämpfung darf keine Chance ausgelassen werden und jede Chance muß dabei bestmöglichst genutzt werden. Voraussetzung dafür ist es zunächst aber, die Chancen für erfolgreiche Aktionen und Aktivitäten zu erkennen. Das bedingt, daß systematisch alle Aktionsmöglichkeiten »abgeklopft« werden müssen, welche solche Chancen verheißen:

- Effizienzverbesserungen
- Auswirkungsanpassungen
- Kooperationsmöglichkeiten
- Subventionsangebote
- Energieeinsparungen
- Potentialnutzungen

In den Kapiteln V und VI werden weitere operative Maßnahmenchancen dargestellt.
Die sich hier abzeichnenden Chancen zur Rezessionsbekämpfung müssen zielgerichtet

- geplant,
- vorbereitet,
- koordiniert,
- durchgeführt und
- überwacht

werden, um sicherzustellen, daß diese Chancen nicht vertan werden. Die Zahl der erfolgversprechenden Maßnahmen also der Chancen zur Bekämpfung der Flaute, sind bekanntlich nicht unbegrenzt.
Da außerdem jedes Unternehmen nur begrenzte Ressourcen besitzt, ist es notwendig, die besten Chancen wahrzunehmen, da nur dadurch der Erfolg maximiert werden kann.

A. Verbessern Sie Ihre Effizienz

Ein Blick in das Lexikon oder in ein Fremdwörterbuch nutzt nichts – das Wort »Effizienz« ist fast nie enthalten! Es ist erst seit kurzer Zeit in unseren Wortschatz eingedrungen. Dies aber nicht grundlos, denn seine Effizienz ist für das Überleben jedes Unternehmens in der Rezession und in der Stagnation von entscheidender Bedeutung.
Die Bestgestaltung des Verhältnisses von Aufwand und Nutzen kann als Definition dieses Modewortes dienen. Damit ist der Ruf nach Effizienz keine Absolutforderung, sondern das Erfordernis stetiger Verbesserung. Bei der Effizienz kann nie ein Maximum erreicht werden. Ihre Anstrebung ist deswegen eine der wichtigen Daueraufgaben.
Wird Effizienz als Oberbegriff benutzt, so sind ihm solche Begriffe unterzuordnen wie

- Ergiebigkeit
- Produktivität
- Wirtschaftlichkeit

Da der Begriff »Produktivität« besonders im Hinblick auf die Effizienz der Fertigung benutzt wird und auch in diesem Bereich wesentliche rezessionsbedingte Verbesserungen der Effizienz möglich sind, wird dieser Bereich in einem gesonderten Kapitel betrachtet (s. VI. A).
Zur Erhöhung der Effizienz eines Unternehmens gibt es eine Reihe von Ansatzpunkten:

- Verfahrensverbesserungen
- Bearbeitungsminderungen
- Ökonomische Hebel
- Optimierungen
- Minimierungen
- Hilfsmitteleinsatz
- Maschinisierung und Automatisierung
- Kommunikationseinrichtungen
- Organisationsqualität

Daß nachfolgend nur jeweils einzelne konkrete Maßnahmen als Beispiele zur Erhöhung der Effizienz ausgewiesen werden können, braucht nicht besonders betont zu werden. Daneben gibt es eine unendliche Vielzahl von Methoden, Techniken und Verfahren zur Effizienzsteigerung.

(1) Verfahrensverbesserungen

Die Entwicklung geht auf allen Gebieten weiter. Es werden immer wieder effizientere Verfahren zur Aufgabendurchführung von Unternehmen einsetzbar:

- Entwicklung neuer Verfahren
- Verbeserung bekannter Verfahren
- Anwendung von Verfahren auf neuen Anwendungsgebieten
- Zulassung von Verfahren in zulassungsbedürftigen Bereichen
- Wiederentdeckung althergebrachter Verfahren
- Kombination mehrerer Verfahren zu einem besseren Verfahren

Bekannt und bewährt und trotzdem häufig nicht benutzt sind zum Beispiel mehrere Arten der Verfahrensverbesserungen in der Textverarbeitung:

- Durch die zentrale Textverarbeitung, also die Einrichtung zentraler Schreibdienste und Verzicht auf Schreibarbeitsplätze in jeder Abteilung, ergeben sich einige gravierende Vorteile.

Zentrale Textverarbeitung
– Einsatz von kostensenkenden Diktiergeräten – Höhere Schreibleistung der Schreibdamen – Besserer Ausgleich von Spitzenbelastungen – Größere Auslastung der eingesetzten Büromaschinen – Keine Geräuschbelästigung der Abteilungsmitarbeiter – Bessere Arbeitsbedingungen für die Schreibdamen – Möglichkeit der freien Pausengestaltung – Leistungssteigerung durch Leistungsentlohnung möglich – Nebentätigkeiten entfallen für Schreibdamen
Verfahrenseinsatz bedingt Verbesserungen bis 50%.

- Der Einsatz der programmierten Textverarbeitung, also das Arbeiten mit Textkonserven in Form von Textbausteinen und die weitgehend automatische Text- und Brieferstellung, zeigt ebenfalls mehrere wichtige Vorteile.

Programmierte Textverarbeitung
– Einsparung des Mitarbeiterdiktates – Wesentliche Reduzierung des manuellen Schreibumfanges – Verbesserung von Stil und Inhalt des Textes – Weitgehende Ausschaltung von Schreibfehlern – Verzicht auf Zweitschreibung zur Verbesserung – Schnellere Schriftguterstellung – Nur noch ganz geringer Korrekturaufwand – Möglichkeit der Mehrmaschinenbedienung oder des EDV-Einsatzes
Verfahrenseinsatz bedingt Verbesserungen um ca. 50%.

- Durch die Einführung der Dialogtextverarbeitung, also die Benutzung der programmierten Textverarbeitung durch jeden Mitarbeiter am Terminal, bedingt den größten Verbesserungsumfang gegenüber der konventionellen Textverarbeitung.

Dialogtextverarbeitung
– Direkte Schriftguterstellung durch den Benutzer – Optimale Hilfestellung zur Textgestaltung – Weitgehende Einsparung von Schreibdamen – Direkte Nutzung von gespeicherten Daten – Innerbetrieblich zur papierlosen Information einsetzbar – Beschleunigung der Schriftguterstellung durch Büroausgabe – Geringer Korrekturaufwand – Bessere Texte hinsichtlich Inhalt, Stil und Grammatik – Von manuellen Briefen nicht unterscheidbar – Verminderung der Arbeitsgangzahl – Automatisierung aller Routinearbeiten
Bei Verfügbarkeit eines Dialogsystems bedingt der Verfahrenseinsatz eine Verbesserung von mehr als 50%.

Dialogtextverarbeitung kann nicht nur mit einem Großcomputer benutzt werden, sondern es können mit einem Investitionsaufwand ab 10.000 DM bereits eingesetzt werden:

- Textverarbeitungscomputer
- Personalcomputer
- Mikrocomputer

Durch die Benutzung der Dialogdatenverarbeitung wird die Durchführung weiterer Schreibarbeiten wesentlich verbessert:

- Angebote
- Auftragsbestätigungen
- Bestellungen
- Lieferscheine
- Mahnungen
- Packzettel
- Rechnungen
- Versandanzeigen

Natürlich ist die Textverarbeitung nur eine von vielen Funktionen, in denen Verfahrensverbesserungen eingesetzt werden können. Beispielsweise wird in der Materialwirtschaft oftmals noch nicht mit den besten Dispositionsverfahren gearbeitet. Häufig können mit den nachstehenden Verfahren wesentliche Verbesserungen erreicht werden:

- Mit dem WILO-Verfahren (Verfahren der gleitenden wirtschaftlichen Losgröße) werden für jede Periode die Summe von Lagerhaltungs- und Beschaffungs- bzw. Auflagekosten ermittelt und daraus periodenbezogen die Einzelkosten errechnet. Damit ist es möglich, dynamisch zu minimalen Kosten zu fertigen oder zu beschaffen.

Gleitende wirtschaftliche Losgröße (WILO)
– Minimierung der Kosten ohne unabdingbare Voraussetzungen – Einsetzbar auch bei stark schwankendem Bedarf – Nur die nächsten Bedarfszahlen müssen vorliegen – Eingeräumte Mengenrabatte können berücksichtigt werden – Automatische Anpassung an Bedarfsschwankungen – Berücksichtigungsmöglichkeit steigender Preise – Jeweils aktuelle Ergebnisermittlung
Verfahrenseinsatz bedingt Materialkostensenkungen bis zu 5%.

- Beim Einsatz der ABC-Disposition ist es möglich, rezessionsabhängig eine Gewichtung im Hinblick auf Einkaufsaktivitäten und Lagerbestandsumfang vorzunehmen. Dadurch können die Beschaffungs- und die Lagerhaltungskosten direkt beeinflußt und gemindert werden.

Bei diesem Verfahren werden die Beschaffungs- und Fertigungsartikel mit Hilfe der ABC-Analyse gemäß den Bedarfszahlen in die drei Kategorien der ABC-Verteilung eingeteilt. Die A- und B-Positionen werden zur Lagerminimierung in der Rezession häufig beschafft oder gefertigt und nur in geringen Mengen gelagert, während die C-Artikel bestellmäßig selten bearbeitet werden und deswegen für längere Zeit und damit in größerem Umfang gelagert werden.

ABC-Disposition
– Rezessionsgesteuerte Disposition realisierbar – Lager-, beschaffungs- und fertigungsbezogene Schwerpunktbildung möglich – Senkung der Gesamtkosten – Gezielte Verminderung des Kapitaleinsatzes anstrebbar – Gutes Instrument zur Realisierung einer gewünschten Betriebspolitik – Anpassungsmöglichkeit der Disposition an betriebliche Gegebenheiten – Arbeitsplatzminderung im Einkauf oder Lager realisierbar
Verfahrenseinsatz läßt die Materialkosten bis 10% senken.

Ein weiteres Beispiel für eine erhebliche Verbesserung der Effizienz gibt die elektronische Datenverarbeitung. Die Erarbeitung von Programmen für die unterschiedlichen Anwendungsgebiete des Computers ist sehr aufwendig:

- Erheblicher Mitarbeiterbedarf
- Hohe Qualifikationsanforderungen
- Lange Erarbeitungsdauer
- Hohe Komplexität der Arbeitsaufgabe
- Üblicherweise besteht eine Terminvorgabe
- Insgesamt hohe Gesamtkosten

Durch den Einsatz besserer Verfahren wird die Effizienz bei der Programmerstellung wesentlich erhöht. Es können hier bisher drei Phasen erkannt werden, die durch steigende Effizienz gekennzeichnet sind:

- Zunächst war die Programmerarbeitung eine von wenigen Mitarbeitern beherrschte Kunst. Das Ergebnis war ungewiß und wenn es positiv war, so mußte es als Kunstwerk bezeichnet werden. Die künstlerische Phase der Programmerstellung waren die sechziger Jahre dieses Jahrhunderts.

- In den siebziger Jahren wurden zur Programmerstellung die ersten effizienzsteigernden Verfahren eingesetzt. Aus der Programmierkunst entstand ein Handwerk. Eine Reihe von Verfahren wurden als Handwerkszeug eingesetzt. Dieses Jahrzehnt kann folglich als die handwerkliche Phase der Programmerarbeitung bezeichnet werden.
- Zwischenzeitlich gibt es eine Vielzahl von Methoden und Techniken, Werkzeuge und Generatoren, mit denen es möglich ist, die Programmierung analog zur industriellen Fertigung durchzuführen. Damit ist die Programmierung in ihre industrielle Phase eingetreten. Die achtziger Jahre werden das Jahrzehnt der industriellen Programmierung sein.
- In der nachfolgenden Periode wird die Programmierung weitgehend automatisch erfolgen.

Typische Verfahren der industriellen Phase der Programmierung sind die nachfolgend beschriebenen Techniken, welche die Effizienz der Programmierung wesentlich verbessern. Sollten diese Verfahren in Ihrem Unternehmen noch nicht genutzt werden, so empfiehlt sich, sie einzuführen, um die Effizienz Ihrer Programmierabteilung zu verbessern.

- Bei Einsatz der strukturierten Programmierung werden die Programmieraufgaben hierarisch strukturiert, so daß sie unabhängig voneinander betrachtet und ausgeführt werden können. Mit Hilfe angemessener Techniken werden dann die Aufgaben einfacher gelöst:
  - Struktogrammtechnik
  - Pseudocode
  - Strukturablaufdiagramme
  - Entscheidungstabellen

  Durch den Einsatz der strukturierten Programmierung können mehrere Vorteile erlangt werden.

Strukturierte Programmierung
– Zwang zu übersichtlichen und einfachen Programmstrukturen – Aufteilungsmöglichkeit einer Programmieraufgabe auf mehrere Mitarbeiter – Vereinfachung der Programmdokumentation – Verminderung der Fehlermöglichkeiten – Geringerer Aufwand beim Programmtest – Einfachere und schnellere Änderungsmöglichkeiten – Bessere Programmqualität – Geringere Programmierkosten
Verfahrenseinsatz läßt den Programmieraufwand um bis zu 15% senken.

- Ende 1982 setzten in Deutschland ungefähr 30 % der Unternehmen mit eigener Programmierung die Dialogprogrammierung ein. Es ist wegen der hohen Effizienz dieses Verfahrens zu erwarten, daß in wenigen Jahren dieses Verfahren fast ausschließlich benutzt wird. Hier wird am Terminal mit umfangreicher Unterstützung des Computers das Programm erarbeitet. Die Unterstützung des Computers ist dabei so bedeutsam, daß beispielsweise der Zeitaufwand für die Erstellung eines Programmes bis zu 50 % sinken kann.

Dialogprogrammierung
– Bedeutende Beschleunigung der Programmierung – Erhebliche Entlastung des Programmierers – Vereinheitlichung der Arbeitsdurchführung – Weniger Aufwand an Programmierkapazität – Unmittelbarer Programmtest bei der Ausarbeitung – Einsparung der Datenerfassung für die erstellten Programme – Maschinelle Dokumentation des Programmes – Geringe Programmerstellungskosten
Verfahrenseinsatz läßt den Programmieraufwand um bis zu 15% senken.

Diese Beispiele von aktuellen Verfahrensverbesserungen aus ausgewählten Bereichen können natürlich vielfältig fortgesetzt werden.
Zur wirksamen Bekämpfung der Rezessionswirkungen ist es notwendig, daß beim Einsatz von besseren Verfahren einige Regeln beachtet werden, um sicherzustellen, daß der gewünschte Effekt auch eintritt:

- Es muß sich um Verfahren handeln, mit denen ein merklicher Effizienzsprung erreicht werden kann.

- Die neuen Verfahren müssen schnell wirken. Verfahren, die erst nach einem Jahr oder gar später eine merkliche Wirkung erreichen, eignen sich zur Rezessionsbekämpfung nur bedingt.
- Ist ein erheblicher finanzieller Aufwand für ein neues Verfahren erforderlich, so sollte nur in wenigen Ausnahmefällen sein Einsatz ernstlich erwogen werden. Zur Rezessionsbekämpfung eignen sich investitionslose Verfahren besser.
- Auf den Einsatz hochkomplexer Verfahren, welche eine intensive und langwierige Schulung der Mitarbeiter erfordern, empfiehlt es sich ebenfalls zur Rezessionsbekämpfung zu verzichten.

Der Suche und Erkennung von Verfahrensverbesserungen sollte jedoch nicht nur in Zeiten der Rezession Aufmerksamkeit gewidmet werden.

(2) Bearbeitungsminderung

Die Bearbeitung von Massenaufgaben ist besonders zeit- und kostenaufwendig. Ist es nicht möglich, die auftretenden Mengen zu reduzieren, so muß versucht werden, mit solchen Verfahren zu arbeiten, welche Mengenprobleme verfahrensmäßig möglichst effizient bearbeiten. Dazu können vornehmlich Stichprobenverfahren dienen, die jedoch zumindest ähnliche Ergebnisse erbringen müssen wie die entsprechenden Teilverfahren.

- Um mit hoher Wahrscheinlichkeit die Qualität von Wareneingängen beurteilen zu können, ist es nicht notwendig die Gesamtheit aller angelieferter Positionen eines Artikels zu prüfen. Wird mit dem Lieferanten vereinbart, daß nur eine Stichprobenprüfung durchgeführt werden soll, so kann mit einer Prüfung von wesentlich weniger als 10 % der Positionen die Entscheidung getroffen werden, ob die Anlieferung akzeptiert wird oder wegen vorhandener Mängel zurückgegeben wird.
  Dazu können verschiedene anerkannte Verfahren eingesetzt werden:
  - AQL-Stichprobenprüfverfahren
  - Stichprobensystem der Deutschen Gesellschaft für Qualität
  - Standard – Stichproben – System

  Durch den Einsatz solcher Verfahren kann die Wareneingangsprüfung um bis zu 50 % reduziert werden.

- In der Fertigung wird häufig noch mit Totalprüfungen gearbeitet. Auch hier kann durch den Einsatz von Stichprobenverfahren eine besondere Effizienz der Gütekontrolle erreicht werden. Mit einem Kontrollkartenverfahren kann beispielsweise zeitgesteuert durch Stichprobenerhebungen die Qualität von Fertigungsautomaten überwacht werden, so daß die anschließende Gütekontrolle vollständig entfallen kann. Durch Einsatz von Stichprobenplänen kann die Zahl der Prüfarbeiten wesentlich gesenkt werden.

- Die körperliche Bestandsaufnahme im Rahmen einer permanenten oder einer Stichtagsinventur ist sehr zeit- und arbeitsaufwendig. Seit 1977 hat der Gesetzgeber die Stichprobeninventur zugelassen. Dadurch kann der Inventuraufwand wesentlich gesenkt werden, da in der Regel der Stichprobenumfang nicht mehr als 5 % der Grundgesamtheit umfassen muß. Durch Hochrechnung der Stichproben auf die Grundgesamtheit wird der Inventurwert der Bestände bestimmt.

Gibt es keine Verfahren, mit welchen eine Bearbeitungsminderung erreicht werden kann, so bleiben zur Effizienzverbesserung von Massenbearbeitungen solche Techniken wie beispielsweise

- Mechanisierung
- Maschinisierung
- Automatisierung

Für die Verarbeitung von Massendaten bietet sich der Computer an.

(3) Ökonomische Hebel

Jeder kennt aus der Mechanik das Hebelgesetz. Analog zu diesem Gesetz gibt es auch ökonomische Hebel. Durch den Einsatz solcher Hebel kann eine bestimmte Leistung auch mit geringerem Aufwand erreicht werden. Das bedingt, daß die Effizienz sich verbessert.
Ökonomische Hebel können beispielsweise mit Hilfe der ABC-Analyse ermittelt werden. Mit dieser Analyse werden ökonomischen Schwerpunkte bei solchen Gegebenheiten ermittelt, bei welchen das Gesetz der großen Zahl gilt:

- Erzeugnisse
- Fertigungsbedarf
- Gemeinkosten
- Kunden
- Lagerbestände
- Lieferanten

Durch intensivere Bearbeitung der erkannten Schwerpunkte und durch entsprechende Bearbeitungsminderungen bei den Nichtschwerpunkten ergibt sich der ökonomische Hebel dadurch, daß die Zahl der Schwerpunkte üblicherweise weit unter 50 % der Vorgänge liegen wird, während die Nichtschwerpunkte einen wesentlich größeren Umfang als die Hälfte haben werden.
Mit der ABC-Analyse werden die untersuchten Elemente in drei Klassen eingeteilt:

A-Positionen: Wenige Elemente mit jeweils großer Bedeutung
B-Positionen: Einige Elemente, die größere Bedeutung haben
C-Positionen: Viele Elemente mit geringerer Bedeutung

Für den Fertigungsbedarf kann beispielsweise das Ergebnis einer ABC-Analyse folgende Werte aufweisen:

Klasse	Positionsanteil	Wertanteil
A-Positionen	10	70
B-Positionen	20	20
C-Positionen	70	10

Durch eine intensive Bearbeitung der A-Positionen, also von nur 10 % des Positionsanteils im Beispiel, kann eine Wirkung auf 70 % des Wertes ausgeübt werden.
Die ABC-Analyse und der daraus ableitbare Hebel kann vielfältig genutzt werden:

- Mit einer Kundenanalyse gemäß dem ABC-Verfahren läßt sich die Vertriebsintensität kundengerecht und erfolgsbezogen gestalten:
  - Werbemitteleinsatz
  - Direktwerbung
  - Kundenbesuche
  - Sonderangebote

- Durch den Einsatz der bereits genannten ABC-Disposition lassen sich die Materialkosten gestalten und senken. Durch sie kann rezessionsgerecht die Disposition und damit die Beschaffung oder die Eigenfertigung gesteuert werden. Dieses Verfahren ermöglicht es, die Disposition gezielt auf die Erfordernisse der Rezession auszurichten.

- Der Abbau überhöhter Lagerbestände kann durch den Einsatz der ABC-Analyse verbessert und beschleunigt werden. Mit ihrer Hilfe können Bestandsminderungsaktionen zielgerecht durchgeführt werden, so zum Beispiel:
  - Rückgabe an den Lieferanten mit voller oder teilweiser Gutschrift
  - Umarbeitung zu verwendbaren Teilen und Gütern
  - Aufarbeitung zu marktgängigen Artikeln

- In Aktionsprogrammen zur Gemeinkostensenkung kann durch die Reihung der Maßnahmen zur Kostensenkung gemäß den Ergebnissen einer ABC-Analyse eine erfolgsgerechte Vorgehensweise gewählt werden.

- Einige multinationale Großunternehmen steuern und kontrollieren ihre Tochterunternehmen gemäß der erarbeiteten ABC-Klassifikation für diese Unternehmen.

- Die Betreuung von Vertretungen gemäß den Ergebnissen einer ABC-Analyse ermöglicht eine rezessionsgerechte Betreuungsintensität.

- Eine unterschiedliche Rechnungskontrolle in Abhängigkeit von der ABC-Klassifikation über die Rechnungssummen oder die in der Vergangenheit gegebenen Fehlerbeträge läßt den Arbeitsaufwand wesentlich vermindern.

Jedoch nicht nur die ABC-Analyse bietet den Ansatzpunkt für einen ökonomischen Hebel. Mehrere weitere Verfahren können ebenfalls als Hebel benutzt werden:

- Die Deckungsbeitragsrechnung läßt die Höhe der Fixkostendeckung durch jedes Erzeugnis erkennen. Durch entsprechende Intensivierung oder Einschränkung der Vertriebsaktivitäten ergibt sich eine gewinnorientierte Hebelwirkung, auf die man in der Rezession nicht verzichten sollte.

- Jede Make-or-buy-Analyse, gleichgültig ob sich sie auf Erzeugnisse, Halbfabrikate, Teile oder Dienstleistungen bezieht, weist ebenfalls ein Ergebnis aus, das als ökonomischer Hebel benutzt werden kann und sollte.

Ein Teil der in den anderen Unterkapiteln besprochenen Verfahren kann natürlich auch den ökonomischen Hebeln zugerechnet werden.

(4) Optimierungen

Mit Hilfe der Methoden des Operations Research lassen sich für eine Reihe von Aufgaben optimale Lösungen errechnen. Wird dazu die EDV eingesetzt, so können auch arbeitsaufwendige Optimierungstechniken eingesetzt werden und dadurch die Effizienz des Unternehmens gesteigert werden, um die Rezessionswirkungen zu bekämpfen.

Bewährt haben sich in der betrieblichen Praxis zum Beispiel die nachstehenden Optimierungstechniken:

- Häufig eingesetzt wird die Tourenoptimierung, die in einer Reihe von Einsatzgebieten angewandt werden kann:
  - Routenvorgabe für Auslieferungsfahrzeuge
  - Tourenplanung für die Verkaufsfahrer
  - Einsatzplanung für Reisende
  - Kostenminimierung bei Dienstreisen
  - Innerbetriebliche Transportsteuerung

  Programme zur Tourenoptimierung laufen auch auf Mikrocomputer, so daß der Einsatz dieser Optimierungstechnik ohne großen Investitionsaufwand auch für Klein- und Mittelbetriebe möglich ist, die keine eigene EDV besitzen.
- Das klassische Problem der Optimierung in der Fertigung oder in der Anlagenbetreuung ist die Wartungs- oder Instandhaltungsoptimierung. Es gilt hier ein Optimum zwischen vorbeugender Wartung und den verschleißbedingten Reparaturen zu erreichen. Ziel dabei ist es die Gesamtkosten von Wartung und Reparaturen zu minimieren.
- Die optimale Auslastung der Fertigungskapazität ist für jedes Unternehmen wichtig, denn durch sie werden die Herstellkosten wesent-

lich beeinflußt. Da dieses Problem sehr komplex ist, kann nur für Kleinunternehmen eine Optimierungstechnik, die auf Algorithmen beruht, entwickelt und eingesetzt werden. Für Mittel- und Großbetriebe kann nur mit heuristischen Methoden eine Optimierung angestrebt werden. Durch gezieltes iteratives Vorgehen bei der Planung der Kapazitätsauslastung und der Maschinenbelegung mit Hilfe der EDV kann man sich an ein Optimum annähern.

- Klassische Optimierungsaufgabe ist natürlich die Ermittlung der optimalen Bestell- oder Fertigungsmenge. Da sich in der betrieblichen Praxis die ANDLER'sche Bestellmengenrechnung nicht bewährt hat, werden heute vornehmlich andere Optimierungsverfahren eingesetzt:
  - Gleitende wirtschaftliche Losgröße (WILO)
  - Dynamische Losgrößenrechnung

Daneben gibt es Verfahren für die Ermittlung der optimalen Losgröße, welche spezielle Bedingungen berücksichtigen lassen.

(5) Minimierungen

Jede Art von Minimierung bewirkt üblicherweise eine Verbesserung der Effizienz:

- Verminderung der Zahl der zu bearbeitenden Vorgänge oder Werkstücke
- Verringerung der erforderlichen Einsatzfaktoren zur Bearbeitung

Durch eine Verringerung der Zahl der bearbeiteten Vorgänge zur Verbesserung der Effizienz darf natürlich die Qualität der Arbeitsergebnisse nicht leiden. Das ist jedoch oft erreichbar:

- Die Zahl der Bestellungen kann durch die Benutzung von
  - Daueraufträgen und
  - Abrufaufträgen

  wesentlich verringert werden. Dabei kann oftmals noch ein weiterer Vorteil erlangt werden. Es können nun nämlich Mengenrabatte oder höhere Mengenrabatte gefordert werden.

- Erarbeitung einer Gehaltsabrechnung nur dann, wenn es Unterschiedlichkeiten gegenüber der Abrechnung des Vormonats gibt. Dadurch wird die Zahl der Gehaltsabrechnungen wesentlich vermindert.
- Verzicht auf die Ausarbeitung von Berichten, wenn es keine berichtenswerten Abweichungen von dem vorgegebenen Soll gibt.
- Bei Einräumung einer Reisekostenpauschale und Verzicht auf eine Reisekostenabrechnung für jede Dienstreise, kann die Zahl der Reisekostenabrechnungen erheblich vermindert werden.
- Durch Tabellenzeichnungen kann in der Entwicklung und Konstruktion die Zahl der erstellten Zeichnungen vermindert werden.
- Durch Zusammenlegung von Veranstaltungen, beispielsweise einer Weihnachtsfeier und der Jubilarehrung, einer Erzeugnispräsentation und einer Wartungsschulung für die Vertretungen oder von Seminaren und Klausurtagungen, wird die Veranstaltungszahl reduziert.

Daneben kann versucht werden, den Arbeitsaufwand für die Vorgangsbearbeitung dadurch zu minimieren, daß die Vorgangsbearbeitung vereinfacht oder vermindert wird. Dafür gibt es ebenfalls einige typische Anwendungsbeispiele:

- Pfenniglose Rechnung in Kostenrechnung, Budgetierung und Statistiken.
- Verzicht auf rechnerische Rechnungsprüfung für Kleinrechnungen unter 50 DM.
- Verminderung von Rüstarbeitsgängen durch geeignete Reihung der Aufträge vor den Maschinen.
- Benutzung von Formularsätzen zur gleichzeitigen Erstellung von
  - Auftragsbestätigung
  - Versandauftrag
  - Lieferschein
  - Rechnung
  - Mahnung

Die zweite der beiden genannten Lösungsansätze, die Minimierung der Einsatzfaktoren, kann mit Hilfe von Minimierungsverfahren gelöst werden. Praxisbewährte Verfahren dazu sind beispielsweise die nachfolgend genannten Minimierungsarten:

- Werden bestimmte zweidimensionale Formen von Rohstoffen zur Fertigung benötigt, so müssen sie oftmals aus plattenförmigen Rohstofflieferungen ausgeschnitten werden:
  - Blechteile in der metallverarbeitenden Industrie
  - Stoffstücke in der Oberbekleidungsbranche
  - Holzteile in Schreinereien und holzverarbeitenden Betrieben

  Dabei fällt zwangsläufig ein Verschnittabfall an. Diesen Verschnitt gilt es zur Effizienzsteigerung zu minimieren. Mit Hilfe von angebotenen Programmen zur Minimierung des Verschnittes kann heute diese Aufgabe mit der EDV problemlos gelöst werden.

- Zunehmens werden in Büros Terminals eingesetzt, weil dadurch
  - Arbeitskapazität,
  - Bearbeitungszeit,
  - Routinearbeiten und
  - Kosten

  eingespart werden können. Jedoch stellt man fest, daß die Mitarbeiter am Terminal durch lange Antwortzeiten des Computers an einem zügigen Arbeiten gehindert werden. Dadurch wird der kontinuierliche Arbeitsfluß gestört.
  Technisch sind Antwortzeiten von 1 Sekunde im Mittel und 2 Sekunden im Maximum möglich. Durch geeignete Techniken, man spricht dabei von »Tuning – Verfahren«, lassen sich die Antwortzeiten minimieren.

- Fehler sind nicht nur ärgerlich, sie verursachen auch zusätzliche Kosten:
  - Verzögerung der Bearbeitung
  - Beseitigung der Fehlerwirkungen
  - Berichtigung jedes Fehlers

  Durch die Nutzung von Prüfziffern beispielsweise kann die Zahl der fehlerhaften Nummern minimiert werden, denn durch Prüfziffern können in hohem Prozentsatz beispielsweise vor der EDV-Bearbeitung die Fehler erkannt und beseitigt werden.

(6) Hilfsmitteleinsatz

Durch Kniffe und Tricks, aber auch durch den Einsatz einfacher Hilfsmittel kann oft die Effizienz gesteigert werden. Dabei brauchen diese Hilfsmittel keine großen Investitionen zu verursachen. Dafür gibt es viele Beispiele. Für die Kommunikation soll das nachstehend nachgewiesen werden:

- Durch die Nutzung einer Codewahleinrichtung wird der Arbeitsaufwand zur Herstellung von Telefonverbindungen um weit mehr als die Hälfte vermindert.
- Die teueren Rückrufe aufgrund von Kunden- und Lieferantenanrufen, welche den Sachbearbeiter nicht oder telefonierend am Arbeitsplatz angetroffen haben, können durch Anrufumleitung oder eine Aufschaltfunktion eingespart werden.
- Benutzung einer Telefonkonferenzeinrichtung anstelle von Sitzungen, Besprechungen, Tagungen usw.
- Durch eine Telefonwahlwiederholung wird die Zahl der Fehlversuche der Mitarbeiter auf einen Versuch reduziert.
- Ersatz von Fernschreibern durch Teletexmaschinen, die auch als Speicherschreibmaschinen benutzt werden können.
- Mitarbeiterinformation auf Dienstreisen in Deutschland, Frankreich usw. durch die Nutzung von EUROSIGNAL.
- Einfachvorgänge lassen sich durch Formularbriefe schnell erledigen.
- Durch einen Kopierbrief wird auf einer Kopie des eingegangenen Schreibens handschriftlich die Antwort vermerkt.
- Bei Pendelbriefen wird sogar noch das Kopieren beim Kopierbrief dadurch eingespart, daß ein Durchschlag zur Beantwortung mitgeliefert wird.

(7) Maschinisierung und Automatisierung

Selbstverständlich ist Maschinisierung und Automatisierung ein »alter Hut« zur Verbesserung der Effizienz. Gerade deswegen sollte man bemüht sein, die wirksamen neuen Möglichkeiten der Maschinisierung und Automatisierung zu nutzen.

In den letzten Jahren wurde zum Beispiel die Dialogdatenverarbeitung, also die gemeinsame Durchführung von Büroarbeiten zwischen Mitarbeiter und Computer im Dialog nicht nur wirtschaftlich möglich, sondern auch zu einer bedeutsamen Möglichkeit der Effizienzsteigerung. Durch den Einsatz der Dialogdatenverarbeitung beispielsweise in der kommerziellen Sachbearbeitung ergeben sich viele Vorteile:

- Höhere Leistungskapazität der Mitarbeiter
- Beschleunigung der Arbeitsabwicklung
- Verminderung der Arbeitsfehler
- Zugriff auf Daten von verschiedenen Stellen und Orten
- Verfügbarkeit von aktuellen Daten
- Nutzung der EDV zu beliebigem Zeitpunkt
- Verbesserung der Sachbearbeitung
- Möglichkeit des Einsatzes neuerer und effizienterer Arbeitsverfahren
- Verminderung des Arbeitsaufwandes zur Datenerfassung
- Einsparung von Papier und EDV – Ausdrucken
- Verbindung der Daten- und Textverarbeitung in einem Arbeitsgang
- Humanisierung der Arbeit durch Befreiung von Routinearbeiten
- Verminderung des Personalbedarfes

Daneben bietet die Dialogdatenverarbeitung die Möglichkeit eine Vielzahl von Anwendungen effizienter mit der EDV auszuführen. Besonders bieten sich die folgenden Anwendungen an:

- Die Datenerfassung mit Terminals bedingt üblicherweise einen höheren Leistungsgrad der Datentypistinnen. Daneben verringert sich die Fehlerquote.

- Die Führung und Aktualisierung von Stammdaten, wie beispielsweise
  - Artikel
  - Aufträge
  - Bestellungen
  - Kunden
  - Lieferanten
  - Personal

  wird durch die Dialogdatenverarbeitung wesentlich vereinfacht und damit effizienter.

- Die Ermittlung aktueller Daten, wie beispielsweise

- Artikel
- Bestände
- Bestellungen
- Fertigungsaufträge
- Liefertermine
- Zahlungseingänge

kann bei Einsatz der Dialogdatenverarbeitung problemlos von jedem Arbeitsplatz aus erfolgen.

- Das an einem Arbeitsplatz installierte Terminal kann jederzeit als Tischrechner benutzt werden. Dadurch werden vorhandene Rechenmaschinen ersetzt und können anderweitig eingesetzt werden.
- Mit Terminals kann die Textverarbeitung von jedem Sachbearbeiterplatz ohne Schreibzimmer oder Schreibdamen autonom von jedem Sachbearbeiter ausgeführt werden. Die »Dialogtextverarbeitung« verbessert die Effizienz der Textverarbeitung erheblich.

Die Einführung der Dialogdatenverarbeitung ist teuer und dauert lang:

- Erhebliche Kosten für Hard- und Software sind erforderlich.
- Die Arbeitsabläufe müssen neu organisiert werden.
- Die Einführung läßt sich nicht kurzfristig durchführen.
- Von den Mitarbeitern gibt es oftmals Widerstände gegen die Einführung.

Deswegen empfiehlt es sich nicht zur Rezessionsbekämpfung die Dialogdatenverarbeitung neu einzuführen. Nur wenn bereits in Abteilungen oder Anwendungsgebieten mit Dialogdatenverarbeitung gearbeitet wird, sollte sie verstärkt und ausgebaut werden. Denn dadurch können die für die Dialogdatenverarbeitung erforderlichen Infrastrukturinvestitionen und -kosten wesentlich besser genutzt werden. Durch die höhere Auslastung werden auch hier die Einzelkosten gesenkt.

(8) Kommunikationseinrichtungen

Die Zahl der unterschiedlichen Kommunikationsdienste und -möglichkeiten wird immer größer. Man sollte sich hier nicht von der Vielzahl der Bezeichnungen schrecken lassen.

Einige der bereits eingeführten oder vor der Einführung stehenden Kommunikationsmöglichkeiten werden auch für jedes Unternehmen eine Verbesserung seiner Kommunikationseffizienz erbringen. Besonders interessant sind dabei

- Teletex
  Das Bürofernschreiben senkt die Fernschreibkosten, vor allem bei Nutzung von Nachttarifen, erheblich. Die Organisation des Fernschreibens wird innerbetrieblich durch Teletex wesentlich vereinfacht. Es entfallen dadurch die typischen Telexaufgaben wie die Lochstreifenerstellung.

- Bildschirmtext
  Vor allem für kleine und mittlere Unternehmen bietet Bildschirmtext vollkommen neue und effiziente Möglichkeiten der/des
  - Kommunikation
  - Datenverarbeitung
  - Informationserlangung
  - Marketing

- Telefax
  Nur wer regelmäßig Grafiken schnell übermitteln muß, für den ist Fernkopieren interessant. Für alle anderen Unternehmen ist ein eigenes Telefaxgerät ineffizient. Durch den Telebriefdienst der Postämter kann der Verzicht auf ein Telefaxgerät jedoch kompensiert werden, wenn Grafiken in geringer Zahl schnell versandt werden müssen.

- Terminalkommunikation
  Die nur innerbetriebliche, aber auch mit eigenen Werken, Verkaufshäusern und Filialen durchführbare Kommunikation von Terminal zu Terminal ist immer dann effizient, wenn die Kommunikationsergebnisse schriftlich vorliegen sollten. Durch den Einsatz von Bürodruckern können die auf Datensichtgeräten stehenden Informationen jederzeit auf Papier ausgegeben werden. Bei Einsatz von Blattschreiberterminals bedarf es keines gesonderten Ausdruckes.

- Datenfernübertragung
  Die Kommunikation von Computern miteinander kann mit Daten-

fernübertragungseinrichtungen realisiert werden. Dazu gehören auch die verschiedenen Postleitungsnetze wie

- Telefonnetz
- Telexnetz
- Datexnetz

Da die Postgebühren für diese Netze relativ hoch sind, bedingt die Datenfernübertragung nicht in jedem Fall eine Effizienzverbesserung.

(9) Organisationsqualität

Die effizientesten Verfahren und wirksamsten Hilfsmittel nutzen nur bedingt zur Steigerung der Effizienz, wenn sie nicht durch eine gute Organisation sachgemäß eingesetzt werden. Die Qualität der eigenen Organisation ist von ganz hervorragender Bedeutung für die Unternehmenseffizienz.

»Das muß organisiert werden!« – Diese Aussage wird oft gemacht, um beispielsweise Rezessionsauswirkungen zu bekämpfen. Dabei wird nur übersehen, daß natürlich gut oder schlecht organisiert werden kann – und eine schlechte Organisation kann negativere Auswirkungen haben, als das bisherige »Sich-durchwursteln«:

- Der Organisationsaufwand kann erspart werden.
- Auf die Umstellung auf die neue Ablauforganisation kann verzichtet werden.
- Die Mehrkosten der schlechten Organisation entstehen nicht.
- Fehlinvestitionen werden vermieden.

Eine bekannte Weisheit lautet: »Organisation ist nicht alles – aber ohne Organisation ist alles nichts!« In dieser Formulierung ist die Aussage schlichtweg Unsinn. Denn nur mit einer gekonnten, einer effizienten Organisation ist einem Unternehmen gedient. Mit ihr kann wirksam zur Flautenbekämpfung beigetragen werden.

B. Passen Sie Ihr Unternehmen an die Rezessionswirkungen an

Die Nachkriegszeit ist gekennzeichnet durch lange Perioden guter Wirtschaftslagen – durch viele Jahre der Hochkonjunktur. Zeiten der Rezession und der Stagnation waren nicht allzu häufig und dauerten in der Regel nicht allzu lange.
Die derzeitige Wirtschaftslage hat eine andere Qualität gegenüber den bisher bestandenen Flautenproblemen.

- Diese Rezession ist viel einschneidender in ihrer Wirkung. Negatives Wachstum, Arbeitslosen- und Konkurszahlen beweisen beispielsweise diese Aussage.
- Die voraussichtliche Dauer dieser Flautenperiode übertrifft die in der jüngeren Vergangenheit überstandenen Konjunktureinbrüche. Auch eine über einige Jahre gehende Stagnationsdauer ist nicht auszuschließen.
- Erstmalig handelt es sich auch um eine Rezession, welche die Weltwirtschaft in der ganzen Breite betrifft. Industrieländer, Entwicklungsländer und Energieproduzenten werden von ihr ergriffen.
- Es ist nicht unmöglich, daß diese Flaute, welche bereits schon in manchen Bereichen als tiefe Rezession bezeichnet werden muß, in der ganzen Breite der Wirtschaft in eine andauernde Rezession übergeht.

Deswegen ist es für jedes Unternehmen notwendig, sich umfassend auf die Rezession einzustellen. Das muß durch eine Reihe von internen und externen Maßnahmen erfolgen. Das muß aber auch in einigen Gebieten vorgenommen werden, in welchen aufgrund der langjährigen Gewohnheiten und Üblichkeiten oftmals nur schwer erkannt wird, daß hier ebenfalls Anpassungen an die Rezessionswirkungen erforderlich sind.
Die nachfolgend genannten Beispiele können nur einige dieser Anpassungsnotwendigkeiten aufzeigen. Auf vielen anderen Gebieten gibt es weitere Notwendigkeiten zur Rezessionsanpassung. Es muß in dieser Zeit stets Bemühen der Unternehmensleitung sein,

- solche Anpassungsnotwendigkeiten zu erkennen,
- dafür Anpassungsmaßnahmen zu erarbeiten und
- die Maßnahmen schnellstmöglich zu realisieren.

(1) Sicherheitsbestände

In jedem Unternehmen wird bei Lagerartikeln wie Halbfabrikate, Teile, Roh- und Hilfsstoffe mit Sicherheitsbeständen gearbeitet, um die üblichen Risiken abzudecken:

- Verspätung von Anlieferungen
- Sich verlängernde Lieferzeiten
- Dispositions- und Qualitätsfehler
- Materialmangel wegen Streiks, höherer Gewalt usw.
- Auftragsaufstockungen

Die Höhe der Sicherheitsbestände, gleichgültig ob sie in absoluten oder relativen Zahlen definiert sind, wurde in der Vergangenheit festgelegt. Also zu Zeiten besserer Konjunktur, oftmals in der Hochkonjunktur. In diesen Sicherheitsbeständen sind folglich die Risiken der Hochkonjunktur berücksichtigt:

- Geringe Liefertreue
- Hohes Auftragsvolumen
- Lieferzeitvergrößerungen
- Weitere Lieferprobleme

In der Rezession können die bisherigen Sicherheitsbestände nicht mehr richtig sein, denn die Lieferrisiken haben sich wesentlich verringert. Deswegen müssen die Sicherheitsbestände den Rezessionsbedingungen angepaßt werden. Die Sicherheitsbestände müssen wesentlich gesenkt werden. Das kann in vielen Unternehmen um mehr als 50 % möglich sein, ohne daß sich dadurch die Materialfehlquote während der Rezession merklich vergrößert.
Durch die Anpassung der Sicherheitsbestände ergeben sich mehrere Effekte, die sich ausnahmslos positiv auf die Rezessionsbekämpfung auswirken:

- Senkung der Lagerbestände
- Freisetzung von Kapital
- Geringerer Zinsbedarf
- Verringerung der Lagerkosten
- Weniger Abwertungen und Verschrottungen

Durch eine einmalige Aktion sollten schnellstmöglich neue Sicherheitsbestände rezessionsgerecht festgelegt werden und diese müssen dann sofort in das Dispositions- und Bestellverfahren einbezogen werden.

(2) Personalbedarf

Die Rezession ist im Personalbereich durch zwei sowohl betriebswirtschaftlich wie auch volkswirtschaftlich günstige Entwicklungen gekennzeichnet:

- Der Krankenstand und die anderen Fehlzeiten vermindern sich erheblich. Während er in der Hochkonjunktur in vielen Unternehmen weit über 10 % lag, ist er in der derzeitigen Flaute bundesweit auf unter 5 % gesunken. Die Fehlzeitenquote des Personals hat sich folglich mehr als halbiert.
- Der Leistungsgrad der Mitarbeiter ist in der Fertigung wie auch im Bürobereich merklich angestiegen. Dieser Leistungsanstieg dürfte verschiedene Ursachen haben. Wesentlich für die Rezessionsbekämpfung ist allein dieses Faktum.

Beide Entwicklungen bedingen, daß die bisherigen Personalbedarfszahlen nicht mehr stimmen können. Es genügt folglich nicht, bei der Personalbemessung für die einzelnen Abteilungen, Stellen und Werkstätten nur das gesunkene Arbeitsvolumen zu berücksichtigen, sondern die

- geringere Fehlzeitenquote und der
- höhere Leistungsgrad

der Mitarbeiter müssen ebenfalls berücksichtigt werden. Es ist nicht ausgeschlossen, daß es dadurch möglich ist, den Personalbedarf um weitere 10 % zu senken.
Durch eine Analyse der genannten Faktoren sollten in jedem Unternehmen die Auswirkungen dieser Faktoren ermittelt werden und in die Personalbedarfsrechnung einbezogen werden.

(3) Beschaffungsbedingungen

Während der Rezession verschärfen sich die Marktgegebenheiten. Um Aufträge zu erhalten sind die Unternehmen bereit, zusätzliche Angebotsverbesserungen zu machen. Diese Rezessionswirkung sollte genutzt werden.
Führen Sie intensive Einkaufsgespräche mit ihren Lieferanten, um die nachstehenden Ziele zu erreichen:

- Senkung der Preise
- Erhöhung des Skontosatzes
- Verlängerung der Skontofrist
- Einräumung eines Treuerabattes
- Verbesserung der Lieferbedingungen
- Einräumung von Mengenrabatten für Abrufaufträge
- Kostenlose Verpackungsbeistellung
- Übernahme der Transportkosten
- Zufuhr durch Vertragsspeditionen
- Gegengeschäfte

Um eine solche Aktion von Einkaufsgesprächen wirkungsvoll durchzuführen, empfiehlt es sich eine ABC-Analyse über alle Lieferanten vorzunehmen. Zunächst sollten mit den A-Lieferanten solche Gespräche geführt werden, dann kommen die B-Lieferanten an die Reihe. Inwieweit ebenfalls mit den C-Lieferanten noch Gespräche geführt werden sollen, muß von dem erwartbaren Erfolgsumfang abhängig gemacht werden.
Daß die Einkaufsgespräche hart und nur von erfahrenen Einkäufern geführt werden müssen, um sie erfolgreich zu gestalten, ist selbstverständlich.
In Abhängigkeit von den Wirtschaftsbranchen sollten vor Aufnahme dieser Gespräche Senkungsvorgaben in Prozent den Einkäufern vorgegeben werden. Dadurch besitzen die Einkäufer eine Perspektive für den erwarteten Verhandlungserfolg.

(4) Sekundäranpassungen

Nur in wenigen Unternehmen hat die Rezession keine Spuren hinterlassen:

- Rückgang der Auslastung
- Verminderung des Personalbestandes
- Geringerer Auftragsbestand
- Rückläufiger Auftragseingang
- Schließung von Werkstätten und Bereichen

Die Infrastruktureinrichtungen sind jedoch oftmals nicht an diese Rezessionswirkungen angepaßt worden. Dies entweder aus der Hoffnung auf bessere Zeiten oder weil andere Aufgaben wichtiger waren.
Bei länger andauernder Wirtschaftsflaute darf auf Sekundäranpassungen, die vornehmlich im Infrastrukturbereich des Unternehmens möglich sind, nicht verzichtet werden:

- Personale Anpassung der Infrastrukturstellen an die rezessionsbedingten Gegebenheiten. Dazu müssen solche Stellen überprüft werden wie
  - Bauabteilung
  - EDV
  - Fertigungsplanung
  - Hauspost
  - Lager
  - Lichtpauserei
  - Mikroverfilmung
  - Sozialeinrichtungen
  - Stabstellen
- Angleichung von Vertragsbedingungen an die Mengenminderungen beispielsweise bei vertraglichen Bindungen mit
  - Reinigungsunternehmen
  - Schreibbüros
  - Übersetzungsinstitute
  - Zeichenbüros
- Verminderung der Raumnutzung für Fertigung und Büroarbeiten zur Einsparung von

- Beleuchtung
- Energieversorgung
- Heizung
- Mieten
- Reinigung

● Anpassung der Kommunikationseinrichtungen durch Verminderung der Amtsleitungen für Telefon und Telex, der Zahl der Nebenstellen und der Einsatz einer kleineren Nebenstellenanlage.

Zur Verminderung von Infrastrukturkosten bieten sich weiterhin auch Nachbarschaftskooperationen in diesem Bereich an.

C. Setzen Sie Expertenwissen richtig ein

Es steht außer Zweifel: Experten finden bessere Lösungen. Voraussetzung dazu ist jedoch, daß diese Fragen richtig beantwortet werden:

- Wie setzt man Experten mit Erfolg ein?
- Wie wählt man den richtigen Experten aus?
- Wie sichert man sich die richtige Lösung?

(1) Experteneinsatz

Große und teilweise mittlere Unternehmen haben sich eine Reihe von Stabstellen geschaffen, um sich Experten für Spezialgebiete zu sichern und allzeit verfügbar zu haben:

- Bauplanung
- Datenbankmanagement
- Interne Revision
- Organisation
- Patentbüro
- Rechtsreferat
- Steuerstelle
- Technische Spezialstellen
- Texter
- Wertanalyse

Sind diese Stellen auch in der Rezession Ihr Geld noch wert? Mit Ausnahme der Organisation, die üblicherweise eine Vielzahl von nutzbringenden Aufgaben hat, mit denen sie ihre Personal- und Personalnebenkosten mehrfach hereinholen können, sind oftmals diese Expertenstellen mit echten Expertenaufgaben nicht oder nicht mehr ausgelastet. Um ihre Berechtigung zu beweisen, weichen sie deswegen in der Regel auf Aufgaben aus, für welche keine Experten benötigt werden:

- Architekten führen Bautechnikeraufgaben aus.
- Datenbankmanager kümmern sich um Anwendungsaufgaben.
- Die interne Revision macht Organisationsanalysen, usw.

Deswegen lassen Sie sich von Ihren unternehmensinternen Experten kurzfristig und schriftlich berichten, welche Aufgaben in den letzten drei Monaten durchgeführt wurden und welche Erfolge in Mark und Pfennig dabei erreicht werden konnten.
Prüfen Sie diese Erfolgsmeldungen kritisch und vergleichen Sie die genannten Ergebnisse mit den angefallenen Personalkosten.
Sollten Sie Experten beschäftigen, die nicht ein Mehrfaches ihrer Kosten erwirtschaften, so sollte überlegt werden, ob nicht durch Beratereinsatz oder auch durch freie Mitarbeiter das Preis-Leistungs-Verhältnis verbessert und damit der Aufwand gesenkt werden kann:

- Architekten
- Beratende Ingenieure
- Consultingunternehmen
- EDV-Berater
- Organisationsberater
- Patentanwälte
- Personalberater
- Rechtsanwälte
- Steuerberater
- Unternehmensberater
- Versicherungsexperten
- Wirtschaftsprüfer

Obwohl solche Experten üblicherweise keine geringen Honorarsätze haben, zeigt sich in der Regel, daß sich ihr Einsatz rentiert:

- Einsatz nur bei echtem Expertenbedarf
- Freiberufliche Experten haben oftmals größere Erfahrungen
- Das Bemühen um Folgeaufträge läßt sehr gute Leistungen erwarten
- Keine Unternehmensblindheit und damit größere Objektivität
- Besseres Durchsetzungsvermögen
- Keine arbeitsvertragliche Bindungen und damit keine Fixkostenbelastung

(2) Expertenauswahl

Die Honorare für Experten sind nicht sehr unterschiedlich – aber ihre Leistungen. Der Erfolg des Experteneinsatzes ist deswegen hauptsächlich von der Expertenauswahl abhängig.

Deswegen schließen Sie nicht mit dem nächstbesten Experten einen Vertrag, sondern wählen Sie sehr sorgfältig den für Sie optimalen Experten aus.
Für die Auswahl eines erforderlichen Experten können mehrere Kriterien benutzt werden:

- Holen Sie mehrere Angebote über Expertenleistungen ein.
- Nicht allgemeine Referenzen sollte man sich nennen lassen, sondern sie sollten sich ausschließlich auf die gewünschte Expertenleistung beziehen. Befragen Sie telefonisch einige der genannten Referenzunternehmen.
- Den Empfehlungen von Geschäftsfreunden und Kollegen sollten Sie besondere Bedeutung beimessen.
- Lassen Sie sich Veröffentlichungen der Anbieter nennen und prüfen Sie deren Inhalt auf Substanz.
- Führen Sie ein ausgiebiges Kontaktgespräch vor Vertragsabschluß. Nur wenn dieses Gespräch einen positiven Eindruck hinterläßt, sollte an einen Vertragsabschluß gedacht werden.
- Sollte für das Kontaktgespräch ein Honorar gefordert werden so verzichten Sie dankend, auch wenn es auf das Vertragshonorar angerechnet werden sollte.

Expertenleistungen werden von unterschiedlichen Stellen angeboten:

- Unternehmensberatungen und Unternehmensberater
- Beratende Berufe, Rechts- und Patentanwälte
- Berater von Kammern und Verbänden
- Hochschulinstitute, Hochschullehrer und Fachhochschullehrer
- Experten von Computerhersteller, Softwarenhäuser usw. für die EDV

In Rezessionszeiten bieten auch viele Fachleute Expertenleistungen als freie Mitarbeiter an. Das sollte man genau prüfen, denn darunter können exzellente Fachleute sein, welche hervorragende Leistungen erbringen. Außerdem sind diese Fachleute oftmals erheblich preiswerter als etablierte Berater.

(3) Expertenbindung

Für den Einsatz von Experten bedarf es vertraglicher Abmachungen. Dazu gibt es einige Regeln, die sich in vielen Fällen als nützlich erwiesen haben. Auf ihre Einhaltung sollte man deswegen nicht verzichten.

Vertragsregeln

1. Schließen Sie keinen Vertrag, ohne die oben genannten Auswahlregeln beachtet zu haben.
2. Definieren Sie im Vertrag genau den Auftragsinhalt:
   - durchzuführende Aufgaben
   - Ziele des Experteneinsatzes
   - Ergebnisse des Auftrages
3. Vereinbaren Sie im Vertrag, wer die Leistung erbringt. Es kann nicht automatisch davon ausgegangen werden, daß der Gesprächspartner beim Kontaktgespräch auch die Aufgabe erledigt.
4. Terminieren Sie die Leistungserbringung im Vertrag. Sollte es sich um eine umfangreiche und langwierige Aufgabe handeln, dann vereinbaren Sie Zwischenergebnisse und Termine für deren Vorliegen.
5. Legen Sie ein Kündigungsrecht im Vertrag fest für den Fall, daß Zwischenergebnisse nicht vereinbarungs- oder nicht termingemäß erbracht werden.
6. Vereinbaren Sie eine Konkurrenzklausel, in der Ihrem Vertragspartner verboten ist, bei einem Wettbewerber die gleiche Expertenleistung zu erbringen.
7. Nehmen Sie in den Vertrag eine Klausel über die Verschwiegenheitspflicht des Vertragspartners auf.
8. Vereinbaren Sie einen »all in«-Preis, in welchem auch alle Nebenkosten enthalten sind:
   - Spesen und Übernachtungen
   - Telefon- und Kommunikationskosten
   - Neben- und Sonderleistungen
9. Prüfen Sie genau, welche Art der Honorierung vereinbart werden soll:
   - Zeitabhängige Honorierung mit Stundensatz nur, wenn vorher eine genaue Zeitschätzung in den Vertrag aufgenommen wurde.
   - Erfolgshonorar bei genauer Definition des Leistungserfolges.
   - Festpreishonorar bei zeitlich und erfolgsmäßig nicht genau definierbaren Leistungen.

   Auch wenn eine Honorarordnung besteht, sollte über die Honorierung gesprochen werden.
10. Nehmen Sie in den Vertrag die Honorarfälligkeit und die Zahlungsbedingungen auf.

Da Beratungsleistungen teilweise mit Zuschüssen subventioniert werden, sollte vor einem Vertragsabschluß geprüft werden, ob zu dieser Beratung Zuschüsse erlangt werden können. Die Kammern geben dazu Auskünfte.
Außerdem sollte man nicht vergessen, daß verschiedene Institutionen Beratungen entweder kostenlos oder verbilligt durchführen:

- Verbände
- Landesgewerbeämter
- Wirtschaftsvereinigungen

Sie sollten vor Vertragsabschluß mit einem Experten konsultiert werden.

D. Prüfen Sie die Möglichkeiten zu Kooperationen

Kooperationen sind auf dem Vormarsch – und das nicht ohne Grund. Denn »gemeinsam geht's besser« erkennen immer mehr Unternehmen und arbeiten auf bestimmten Gebieten zusammen.
Natürlich ist nicht jede Kooperation möglich, denn manche Arten der Kooperation werden als Kartell bezeichnet und das Kartellgesetz (Gesetz gegen Wettbewerbsbeschränkungen) wird vom Bundeskartellamt und von den Landeskartellbehörden durchgesetzt. Viele Arten von Kooperationen sind jedoch möglich und werden sogar gefördert.
Die Kammern stellen gerne Kontakte zwischen kooperationsinteressierten Unternehmen oder mit Kooperationsgemeinschaften her. Teilweise wurde diese Kontaktvermittlung in Kooperationsbörsen institutionalisiert. Daneben gibt es sogar unter bestimmten Bedingungen Subventionen für eine Kooperationsberatung. Über diesen Bundeszuschuß geben ebenfalls die Kammern Auskunft.
Zur Überwindung der Flaute empfehlen sich besonders die folgenden Kooperationsarten:

(1) Standortkooperation

Jede größere Kommune hat sich ein oder mehrere Industriegebiete zugelegt. Dort arbeiten manchmal 5 und gelegentlich auch 50 und mehr Unternehmen Seite an Seite. Zumindest für die kleinen und mittleren Unternehmen sind oftmals die innerbetrieblichen Infrastruktureinrichtungen zu teuer, aber trotzdem nützlich und notwendig.
Deswegen sollten örtlich beieinanderliegende Unternehmen überlegen, ob sie nicht mit Vorteilen solche Einrichtungen gemeinsam schaffen und/oder betreiben, wie beispielsweise:

- Büromateriallager
- Druckerei
- Fernschreibzentrale
- Fuhrpark
- Getränke- und Imbißverkauf
- Kantine und Kasino

- Kfz-Werkstatt
- Kopiergerät
- Lehrwerkstatt
- Lichtpauserei
- Mikroverfilmung
- Maschinenreparaturwerkstatt
- Patentbüro
- Reisebüro für Dienstreisen
- Tankstelle
- Werksarzt

Solche Standortkooperationen können vornehmlich in zwei Arten durchgeführt werden:

- Gemeinsamer Betrieb solcher Einrichtungen
- Betrieb einer solchen Einrichtung durch ein Unternehmen. Die anderen Kooperationspartner sind an den Leistungen und den Kosten beteiligt.

Die Vorteile der Standortkooperation werden bisher noch viel zu wenig genutzt.

(2) Verwaltungskooperation

Die gemeinsame Durchführung von Verwaltungsaufgaben für Klein- und Mittelbetriebe wird bisher noch recht selten vorgenommen. Trotzdem kann ein kooperative Verwaltung, die alle Verwaltungsaufgaben umfaßt, oder die nur bestimmte Aufgaben durchführt, empfohlen werden:

- Auftragsabrechnung
- Buchhaltung
- Datenerfassung
- Inkasso
- Lohn- und Gehaltsrechnung
- Rechnungserstellung
- Telefonbereitschaft
- Textverarbeitung
- Übersetzungen

Eine Verwaltungskooperation wird dagegen häufiger in Form eines gemeinsamen Rechenzentrums betrieben. Kooperative Rechenzentren haben in der Vergangenheit die EDV-Kosten erheblich gesenkt.

(3) Beschaffungskooperation

Natürlich bieten Beschaffungskooperationen nicht nur, aber auch in der Rezession besonders interessante Vorteile. Deswegen finden sich eine Vielzahl solcher Kooperationen in der Bundesrepublik Deutschland. Beschaffungskooperationen können in verschiedener Art organisiert werden:

- Einkaufsgenossenschaft
- Einkaufsverband
- Gemeinsames Einkaufsbüro
- Bestellungsbündelung mehrerer Unternehmen

Die Beschaffungskooperation ist die in der Bundesrepublik Deutschland am häufigsten vertretene Form der Kooperation, denn durch sie können mehrere Vorteile erreicht werden:

- Günstigere Beschaffungspreise
- Bessere Nebenbedingungen
- Keine oder geringere Kosten für die Einkaufsabteilung
- Abdeckung eines Teils der Lagerfunktion

Oftmals gehen Beschaffungskooperationen über den Bereich des Einkaufs hinaus und die Kooperationsmitglieder arbeiten auch auf der vertrieblichen Seite in größerem oder kleinerem Umfang zusammen.

(4) Fertigungskooperation

Kooperationen auf dem Gebiete der Forschung und Entwicklung können langfristig nützlich sein. Für die nur kurz- und mittelfristige Betrachtung zur Überwindung der Rezessionseinflüsse bietet eine Kooperation auf diesem Gebiet kaum Hilfen.
Abreden der Aufteilung der Fertigung in der Weise, daß jeweils bestimmte Erzeugnisse nur von einem der kooperierenden Unternehmen

gefertigt werden, wird als Spezialisierung bezeichnet. Spezialisierung hat mehrere Vorteile:

- Senkung der Stückkosten durch größere Fertigungsmengen
- Bessere Kapazitätsausnutzung
- Einsatzmöglichkeit von Spezialmaschinen
- Mengenvergrößerung für die Beschaffung
- Günstigere Lagerhaltung
- Geringerer Verwaltungs- und Steuerungsaufwand

Spezialisierungskartelle müssen angemeldet werden. Innerhalb von 3 Monaten hat die Kartellbehörde ein Widerspruchsrecht. Von diesem Widerspruchsrecht wurde bisher nur selten Gebrauch gemacht.
Neben der Spezialisierung gibt es weitere Formen der Kooperation im Bereich der Fertigung:

- Gemeinschaftliche Nutzung von Fertigungsanlagen
- Gemeinschaftsunternehmen zur Fertigung
- Gemeinschaftlicher Reparaturdienst

Im Baugewerbe sind Kooperationen in Form von Arbeitsgemeinschaften üblich.

(5) Vertriebskooperationen

Im Vertriebsbereich sind eine Vielzahl von Kooperationen eingeführt. Auf dem Gebiet der Werbung sind Kooperationen offensichtlich:

- Gemeinschaftswerbung durch Fernsehen, Prospekte, Rundfunk usw.
- Gemeinsames Gütezeichen für bestimmte Artikel
- Gemeinsamer Messestand für mehrere Unternehmen
- Gemeinsamer Versandkatalog für Unternehmen, die im Versandhandel einen weiteren Vertriebsweg sehen

Ein weiteres Gebiet des Vertriebsbereiches, in welchem kooperiert wird, ist die Verkaufsförderung:

- Information und Schulung der Außendienstmitarbeiter und Vertragshändler

- Gemeinschaftliche Kundendienstservice im Hinblick auf Wartung und Reparatur
- Gemeinschaftliche Auslieferungsläger in ferneren Regionen
- Gemeinschaftlicher Fuhrpark zur Kundenbelieferung

Aber auch auf dem vertrieblichen Kerngebiet, dem Verkauf, können Kooperationen erhebliche Vorteile bedingen:

- Export-Verkaufsgemeinschaft
- Gemeinsame Vertreterorganisation
- Gemeinsame Verkaufsfilialen
- Gemeinschaftsverkauf

Wenn vertragliche Beschränkungen der Mitglieder einer Vertriebskooperation nicht vorliegen, wenn also die Mitglieder nicht verpflichtet sind,

- ausschließlich über eine Verkaufsgemeinschaft zu liefern,
- einen Teil oder die gesamte Fertigung einer Verkaufsgemeinschaft zu überlassen,
- für bestimmte Erzeugnisse oder Regionen bestimmte Beschränkungen einzuhalten,

so ist in der Regel nach dem deutschen Kartellrecht davon auszugehen, daß solche Kooperationen möglich sind.
Nähere Auskunft gibt die »Deutsche Kooperationsfibel« des Bundesministers für Wirtschaft. In ihr sind die Möglichkeiten der zwischenbetrieblichen Zusammenarbeit im Rahmen des Gesetzes gegen Wettbewerbsbeschränkungen beschrieben.

E. Nehmen Sie Subventionsangebote wahr

Um bestimmte Ziele zu erreichen, gibt der »Staat« oftmals reichlich Subventionen:

- Bund
- Länder
- Kommunen

Auf sie sollte man nicht verzichten, wenn man die Flaute gut überstehen und wieder auf die Gewinnstraße kommen will.
Doch vor den Erfolg haben die Götter den »Schweiß« gesetzt. Das gilt in besonderem Maße für staatliche Finanzhilfen und andere Subventionen. In diesem Bereich gibt es eine Vielzahl von Maßnahmen und Programmen:

Subventionsangebote
– Ausbildungsförderungszuschüsse – Beschäftigungsorientiertes Förderungsprogramm – Eigenkapitalhilfeprogramm – Ergänzungsprogramm der Lastenausgleichsbank – ERP-Kredite – Investitionskredite – Landesdarlehen – Mittelstandsförderungsprogramm – Regionale Wirtschaftsförderung – Schwerpunktsortförderung – Sonderkreditprogramm – Vertriebenenprogramm – Zinszuschußprogramm – Zonenrandförderung

Natürlich ist dies nur eine Auswahl. Das Subventionswesen ist ein unübersichtlicher Dschungel, der nur mühsam genutzt werden kann:

- Unterschiedliche Träger wie Bund, Länder, Banken usw.
- Vielfältige Bezeichnungen wie Programm, Förderung usw.
- Häufige Änderungen und wechselnde Schwerpunkte
- Mannigfaltige Vorschriften und Rechtsgrundlagen
- Unterschiedliche Inhalte und Maßnahmen

Jedoch bieten eine Reihe von Institutionen Hilfen an, um diesen Dschungel durchsichtiger zu machen. Dazu zählen beispielsweise:

- Industrie- und Handelskammern, Handwerkskammern
- RKW-Beratungsdienst
- Mit der Durchführung beauftragte Banken wie
  –Lastenausgleichsbank in Bonn
  –Landeskreditbanken der Länder
- Ihre Hausbank, die oftmals die Abwicklung durchführt
- Spezialisierte Unternehmensberatungen

Von besonderer Bedeutung sind insbesondere die folgenden Subventionsarten.

(1) Die nächste Investitionszulage kommt bestimmt

Zur Überwindung der Rezession und zur Ankurbelung der Konjunktur werden immer wieder Investitionsprogramme durchgeführt, so beispielsweise im letzten Quartal des Jahres 1982.
Mit dem nächsten Programm ist sicher zu rechnen, wenn die Rezession nicht kurzfristig überwunden wird. Deswegen empfiehlt es sich

- nötige Investitionen zunächst zurückzustellen, um für sie im nächsten Programm einen Zuschuß zu erlangen,
- empfehlenswerte Investitionen so vorzuplanen, daß sie kurzfristig in Angriff genommen werden können.

Für die Investitionszulage 1982 mußten drei Bedingungen erfüllt sein, um diese Zulage zu erlangen:

- Es mußte sich entweder um bewegliche Wirtschaftsgüter handeln, die bis zu einem Stichtag bestellt sein mußten oder es konnten unbewegliche Wirtschaftsgüter sein, für welche der Bauplan bis zu diesem Stichtag der Baubehörde vorzuliegen hatte.
- Die begünstigten Güter mußten bei Bauten zu 100 % und bei beweglichen Wirtschaftsgütern zu 90 % betrieblich genutzt werden.
- Außerdem forderte der Gesetzgeber, daß diese Anschaffungen mindestens drei Jahre im Betrieb verbleiben.

Daneben waren weitere Randbedingungen zu erfüllen, um die Investitionszulage in Höhe von 10 % zu erlangen.
Sicher nicht in gleicher Weise, aber in ähnlicher Weise, kommt wieder ein Investitionsprogramm. Das sollte genutzt werden, um notwendige oder empfehlenswerte Investitionen zu tätigen. Es sollte aber in der Rezession nicht genutzt werden, nur um irgendwelche Zulagen zu bekommen, denn der größte Teil der Investitionen muß vom Unternehmen finanziert werden. Jede Investition entzieht jedoch dem Unternehmen Liquidität.

(2) Subventionen für Ausbildungsplätze nutzen

Von verschiedenen Bundesländern werden Subventionen zur Ausbildungsförderung in Form von Zuschüssen angeboten. Diese können erlangt werden, wenn ausgewählte Teilnehmer ausgebildet werden.

Ausbildungsförderungszuschüsse
– Absolventen von anerkannten Förderungsmaßnahmen – Arbeitslose – Ausländer – Aussiedler – Behinderte – Hauptschüler ohne Abschluß – Konkursopfer – Mädchen in gewerblich-technischen Berufen – Neugegründete Betriebe – Sonderschüler

Die Bedingungen und die Zuschüsse sind sehr unterschiedlich. In Baden-Württemberg können beispielsweise für die Ausbildung von Behinderten Förderungszuschüsse bis zu 5.500 DM je Ausbildungsplatz erlangt werden.
Auskünfte erteilen und Anträge nehmen entgegen die

- Industrie- und Handelskammern
- Handwerkskammern
- Landesgewerbeämter

(3) Auch Beratungen werden subventioniert

Wollen Sie sich beraten lassen, um wieder Gewinne zu machen, so beispielsweise über

- die Einführung eines Leistungslohnsystemes,
- den Einsatz der EDV oder
- die Einsparung von Energie,

dann kann es möglich sein, dafür einen Beratungszuschuß zu erhalten. Das kann dann erfolgen, wenn solche Bedingungen gegeben sind wie beispielsweise:

- Zugehörigkeit zu einer subventionierten Branche wie
  - Handwerk,
  - Groß-, Außen- und Einzelhandel,
  - Industrie und Verkehr,
  - Gast- und Beherbergungsgewerbe,
  - Handelsvertreter.
- Ein bestimmter Umsatz darf nicht überschritten werden.
- Der Zuschußanteil ist vom Umsatz abhängig.

Maximal können 15 Tage Beratungsleistung zu einem Tagessatz von höchstens 680 DM für allgemeine betriebswirtschaftliche Beratungen bezuschußt werden. Für Spezialberatungen kann ein weiterer Zuschuß für maximal 15 Beratungstage erlangt werden.

(4) Prüfung der speziellen Subventionsprogramme

Neben der Konjunkturankurbelung, der Ausbildung- und der Beratungsförderung können weitere Subventionierungen möglich sein:

- Kredite
- Zinsverbilligungen
- Zulagen
- Zuschüsse

Deswegen empfiehlt es sich, regelmäßig die speziellen Subventionsprogramme zu prüfen:

Spezielle Subventionsprogramme
– Arbeitsplatzschaffung und -sicherung – Beschäftigungsförderung – Eigenkapitalhilfe – Existenzgründung – Forschungsvorhaben – Mittelstand – Schwerpunktorte – Strukturschwache Gebiete – Umweltschutzmaßnahmen – Vertriebenenhilfe – Zonenrandförderung

Sowohl der Bund, wie auch die Länder, geben mit solchen Programmen nicht unerhebliche Subventionen.

(5) Auch kommunale Subventionen sind erlangbar

Fast alle Gemeinden und Städte sind bemüht, Unternehmen anzusiedeln oder zumindest eine Abwanderung zu verhindern. Diese Absicht lassen sich Kommunen einiges kosten.

Durch geschickte Verhandlungen können auch in der Flaute und auch, wenn kein neues Werk errichtet werden soll, Subventionsleistungen erlangt werden. Das ist vornehmlich dann möglich, wenn eine Kommune eine Abwanderung befürchtet. Eine Abwanderung eines Unternehmens wird immer dann erwägenswürdig sein, wenn von einer anderen Kommune höhere Vorteile angeboten werden, als der Standortwechsel an Nachteilen bedingt.

Kommunale Subventionen können sehr vielfältig sein. Beispiele dafür zeigt die Liste auf der folgenden Seite:

Neben diesen Subventionen können auch indirekte Kommunalleistungen, wie beispielsweise Bürgschaftsübernahmen, erlangt werden.

Natürlich dürfen bei der Überlegung über einen Standortwechsel nicht nur die kommunalen und sonstigen Subventionen betrachtet werden. Es

Kommunale Subventionen
– Erschließungskostenübernahme – Gebührennachlaß oder -verzicht – Konzilianz der Kommunalbehörden – Kreditvermittlung oder -vergabe – Mietnachlässe oder -stundungen – Preisgünstiger Grunderwerb – Sondertarife für Energie und Wasserbezug – Überlassung von Geschäftsräumen – Übernahme der Entsorgung – Vergünstigungen bei Kommunalsteuern – Zinsverbilligungen

sind dabei alle Standortfaktoren in die Überlegung einzubeziehen. Dazu zählen vornehmlich die nachstehenden, von Standort zu Standort unterschiedlichen Einflußfaktoren:

- Arbeitskräfte
- Dienstleistungsangebot
- Energieversorgung
- Infrastruktur
- Kommunikationsgegebenheiten
- Konkurrenzlage
- Nachbarschaftsbelästigung
- Transport
- Umweltschutz

(6) Keine Schwerbehindertenabgabe zahlen

Für jeweils 100 Arbeitsplätze sind nach § 9 des Schwerbehindertengesetzes (SchbG) sechs Schwerbehinderte zu beschäftigen. Erfolgt das nicht, so ist eine monatliche Ausgleichsabgabe von 100 DM für jeden unbesetzten Pflichtplatz zu bezahlen. Das bedeutet für ein Unternehmen mit 100 Arbeitsplätzen, das keine Schwerbehinderten beschäftigt, eine jährliche Abgabe von 7.200 DM.
Diese Ausgleichsabgabe kann umgangen werden. Nach § 53 SchbG können 30 % der Auftragssumme an anerkannte Schwerbehindertenwerkstätten und Dienstleistungszentren von dieser Ausgleichsabgabe abgesetzt werden.

Mit einem Auftrag von 24.000 DM an eine Behindertenwerkstätte oder ein Behindertenzentrum läßt sich folglich die Abgabe einsparen. Hinzu kommt, daß Behinderteneinrichtungen sehr kostengünstige Angebote machen können, da sie mehrfach bevorteilt sind.

- Sie sind von verschiedenen Steuern befreit:
  - Gewerbesteuer
  - Körperschaftsteuer
  - Vermögensteuer
- Sie brauchen ihre Arbeitsplätze nicht zu amortisieren. Behindertenarbeitsplätze werden weitgehend von der öffentlichen Hand getragen.
- Ihre Umsätze müssen nur in Höhe von 7 % und nicht mit 14 % versteuert werden.

Auskünfte über Behindertenwerkstätten und Behindertenzentren geben die örtlichen Industrie- und Handelskammern.

(7) Eingliederungsbeihilfen können erlangt werden

Werden bestimmte Arbeitnehmerarten eingestellt, so können dafür verschiedenartige Eingliederungsbeihilfen bezogen werden:

- Zuschüsse zu den Lohnkosten älterer Arbeitnehmer, welche in den letzten 18 Monaten mindestens 12 Monate arbeitslos waren und mindestens 55 Jahre alt sind.
- Darlehen oder Zuschüsse zur Schaffung von Arbeitsplätzen für Behinderte und ältere Arbeitnehmer.
- Einarbeitungszuschüsse für solche Arbeitnehmer, welche erst nach einer langjährigen Einarbeitungszeit die volle Leistungsfähigkeit erreichen, wenn diese Arbeitnehmer vor der Arbeitsaufnahme arbeitslos oder von der Arbeitslosigkeit bedroht waren.
- Kostenübernahme für eine Probebeschäftigung von längerfristigen Arbeitslosen.

Auskünfte über diese Subventionen gibt die Bundesanstalt für Arbeit und die örtlichen Arbeitsämter.

F. Senken Sie ihren Energieverbrauch

Obwohl die Senkung des Energieverbrauches seit bald 10 Jahren im Brennpunkt von Maßnahmen zur Verbesserung der Wirtschaftlichkeit steht, wird in diesem Bereich noch häufig gesündigt. Dabei sind es in der Regel nicht besondere technische Lösungen die fehlen, wie zum Beispiel

- der Einsatz einer eigenen Elektrizitätsversorgung,
- der Einbau eines neuen Heizungssystems oder
- die umfassende Nutzung von Wärmetauschern.

Gesündigt wird vielmehr durch eine Vielzahl von Gedankenlosigkeiten. Dabei handelt es sich in der Regel um viele kleine Verschwendungen – aber Kleinvieh macht bekanntlich auch Mist!
Gegen diese Verschwendung im Kleinen gibt es zwei probate Lösungswege:

- Die Aktivierung der Mitarbeiter durch die wiederholte Durchführung von Energiesparaktionen. Durch solche Aktionen werden Vorschläge zur Verminderung des Energieverbrauches erlangt und gleichzeitig die Mitarbeiter zu energiebewußtem Handeln motiviert.
- Systematische Anwendung von Checklists zur Erkennung von Energiesparmöglichkeiten.

Bei konsequentem Einsatz beider Ansatzpunkte können bis zu 10 % des laufenden Energieverbrauches eingespart werden.

(1) Checklists

Für die verschiedenen Formen des Energieverbrauches können beispielsweise folgende Maßnahmen ergriffen werden, die dadurch gekennzeichnet sind, daß für sie nur ein geringer Aufwand erforderlich ist.

Bei der Heizung von Fertigungshallen und Büroräumen wird ebenfalls viel gesündigt. Die nachstehenden Checklists zeigt einige ohne großen Aufwand zu verbessernde Schwachstellen auf.

Checklist: Elektrizität

- Werden nur Beleuchtungskörper mit hohem Wirkungsgrad benutzt?
- Sind Decken, Wände usw. ausschließlich mit hellen Farben gestrichen?
- Werden mit Zeituhren am Arbeitsende alle Energieverbraucher abgeschaltet:
  - Beleuchtung?
  - Büromaschinen?
  - Boiler?
  - Maschinen?
  - Ventilatoren?
- Werden alle Leuchtreklamen und Werbebeleuchtung um 22 Uhr ausgemacht?
- Wird mit Einzelplatzbeleuchtung gearbeitet, wenn Überstunden von einzelnen Mitarbeitern notwendig sind?
- Werden in unregelmäßig benutzten Räumen, Gängen, Treppen usw. Zeitschaltuhren benutzt, die nach einer bestimmten Zeit abschalten?
- Wurden alle Arbeitsräume auf eine richtige Beleuchtung – also auch auf eine Überbeleuchtung untersucht?
- Werden alle nicht benötigten Anlagen und Maschinen automatisch abgeschaltet?
- Wurden alle Maschinen im Hinblick auf ihren Energieverbrauch untersucht?
- Werden Spitzenbelastungen durch eine entsprechende Organisation des Betriebsablaufes vermieden?

Checklist: Gebäudeheizung

- Sind alle Fenster, Türen, Rolladenkästen usw. abgedichtet?
- Wird das notwendige Maß an Lüftungsverlusten nicht überschritten?
- Sind alle Rohrleitungen für Heizung und Warmwasserversorgung hinreichend isoliert?
- Besitzen alle Außentüren automatische Türschließer und sind überall Windfänge vorhanden?
- Wurden alle unnötigen Fenster zugemauert?
- Werden unbenutzte Räume von der Heizung abgeschaltet?
- Wird mit der richtigen Raumtemperatur (20° C ± 2° C) geheizt?
- Wird eine Stunde vor Arbeitsende mit der Nachtabsenkung der Heizung begonnen?
- Ist sichergestellt, daß im Frühling und im Herbst der Heizungsbetrieb gemäß den Klimabedingungen betrieben wird?
- Wird bei der Notwendigkeit von Nachtarbeit diese in wenigen Räumen konzentriert?
- Wird am Wochenende auf Heizung verzichtet oder mit einer Sparheizung gearbeitet?

Checklist: Heizungsanlage
– Werden die Heizkessel regelmäßig gewartet, gereinigt und überprüft? – Ist Sorge dafür getragen, daß die Brennereinstellung optimal erfolgt? – Wurde in jedem Schornstein ein Zugbegrenzer oder eine Abgasklappe eingebaut? – Wird die Heizanlage zentral in Abhängigkeit von der Außentemperatur geregelt? – Erfolgt die Nachtabsenkung automatisch? – Besitzt jeder Heizkörper ein thermostatisches Abschaltventil? – Wird für die Warmwasserbereitung mit einer Maximaltemperatur von 60° C gearbeitet? – Wurde der geringere Bedarf an Heizungsleistung in der Rezession durch den Einbau einer kleineren Brennerdüse angepaßt?

Ist eine Klimaanlage oder sind gar mehrere im Betrieb, so gibt es für solche Anlagen ebenfalls eine Reihe von Ansatzpunkten zur Minderung des Energieverbrauches:

Checklist: Klimaanlage
– Gibt es Bereiche, in denen der Einsatz der Klimaanlage nicht zwingend notwendig ist? – Können die eingesetzten Luftmengen verringert werden? – Kann ein höherer Prozentsatz der Abluft wiederverwendet werden? – Wird die Feuchtigkeitsregelung im Winter und Frühling abgeschaltet? – Kann im Sommer die Kühllast durch das Abschalten von Wärmequellen reduziert werden? – Wird ein automatisches Anfahrsystem in Abhängigkeit von den Außenbedingungen benutzt? – Werden Sonneneinstrahlung und ihre Wirkung an Schatten- und Sonnenseiten bei der Klimatisierung berücksichtigt? – Werden im Sommer außenliegende Jalousien zur Verringerung der Sonneneinstrahlung benutzt? – Erfolgt die Abschaltung bzw. Absenkung der Klimaleistung bereits vor Ende der Arbeitszeit? – Ist gewährleistet, daß die Anlage regelmäßig gewartet und gereinigt wird?

Natürlich sollte der Energieverbrauch bei den Fahrzeugen ebenfalls soweit wie möglich gesenkt werden. Dazu kann die nachstehende Checklist dienlich sein:

Checklist: Kraftfahrzeuge

- Wird für alle Auslieferungsfahrzeuge, Verkaufsfahrer, Reisende und andere Dienstfahrten mit einer optimalen Tourenplanung, die mit einem Klein- oder Großcomputer erarbeitet werden kann, die Fahrtroute vorgegeben?
- Sind alle Fahrer von Dienstfahrzeugen zur Spriteinsparung motiviert?
- Wird von allen Fahrern nur im optimalen Drehzahlbereich gefahren?
- Besitzen alle Fahrzeuge Fahrtenschreiber, um eine psychologische Wirkung auf das Fahrverhalten auszuüben?
- Werden die Fahrzeuge regelmäßig gewartet und im Hinblick auf den Verbrauch gezielt inspiziert:
  - Luftfilter
  - Einspritzanlage
  - Ventilspiel
  - Ölstand
  - Reifendruck
  - Kraftstoffilter
  - Radlager
- Besitzen alle LKW Dach- und Bugspoiler?
- Wird darauf verzichtet, die Wagen im Stand warmlaufen zu lassen?
- Kontrollieren Sie regelmäßig die Wirtschaftlichkeit der Fahrweise Ihrer Fahrer und führen Sie mit ihnen Motivationsgespräche?
- Wird durch den Einsatz der »Topografisch-dynamischen Fahrtechnik« der Benzin- und Dieselverbrauch minimiert?

(2) Vertragliche Maßnahmen

Die Energieversorgungsunternehmen bieten die Abgabe von Elektrizität nach verschiedenen Bedingungen an:

- Gewerbetarif
- Sonderabnahmevertrag

Im Rahmen von Sondervereinbarungen gibt es in der Regel wieder zwei verschiedene Preisregelungen:

- Monatspreisvereinbarung
- Jahrespreisvereinbarung

Die Energieversorger sind gerne bereit, mit Ihnen die günstigste Regelung zu ermitteln und zu vereinbaren. Sind die Stromkosten im Monat höher als 1.000 DM, sollte auf ein Gespräch mit dem Versorgungsunternehmen nicht verzichtet werden.

Umfangreiche Informationen gibt der Verband der Energieabnehmer, Schützenallee 5, Hannover 81. Von diesem Verband kann man sich auch beraten lassen.
Natürlich sollten auch für andere Energiearten Sonderabnahmebedingungen vereinbart werden:

- Gas
- Heizwärme
- Wasser

Durch Gespräche mit den Versorgungsunternehmen für diese Energiearten können manchmal merkliche Einsparungen bei den Energiekosten erreicht werden.
Selbstverständlich können auch auf dem Gebiet der Kfz-Versorgung mit

- Benzin
- Dieselöl

durch vertragliche Vereinbarungen mit einer örtlichen Tankstelle oder deren Trägerunternehmen preisliche Minderungen erreicht werden. Als besonders vorteilhaft hat sich der Betrieb einer eigenen Unternehmenstankstelle erwiesen, wenn am Spotmarkt günstig eingekauft werden kann.
Mit einer eigenen Tankstelle können auch die Mitarbeiter zu einem günstigen Preis mit Kraftstoff versorgt werden. Dadurch ist natürlich eine zusätzliche, sehr geschätzte Sozialleistung für die Mitarbeiter gegeben, welche das Unternehmen nicht belastet.

(3) Arbeitsregelung

Durch eine energiebewußte Arbeits- und Urlaubsregelung lassen sich die Energiekosten ebenfalls merklich beeinflussen. Dazu sollte überlegt werden, ob an urlaubsträchtigen Arbeitstagen normal gearbeitet werden soll, oder ob durch ein Betriebsvereinbarung mit dem Betriebsrat das Unternehmen mit Ausnahme eines Bereitschaftsdienstes Betriebsruhe halten soll:

- Faschingsmontag und -dienstag
- Freitag nach Himmelfahrt
- Jeder Montag oder Freitag, bei dem ein Feiertag nachfolgt oder vorausgeht
- Sommerurlaub während der Schulferienzeit
- Zwischen Weihnachten und Neujahr

Dadurch kann die Heizungsabsenkung über eine längere Frist aufrechterhalten werden und die Zahl der jährlichen Arbeitstage vermindert werden. In günstigen Jahren können mit Zustimmung des Betriebsrates bis zu 20 Arbeitstage eingespart werden. Das kann eine Einsparung bis zu 8 % bei Heizung und Beleuchtung bedeuten.

Daneben sollte geprüft werden, ob die bestehende Arbeitszeitregelung optimal für den Energieverbrauch ist. Manchmal bedingt ein späterer Arbeitsbeginn eine Senkung des Stromverbrauches.

G. Nutzen Sie Ihr Potential besser

In der Hochkonjunktur gilt es, sich nicht zu verzetteln und sich auf die Hauptaufgaben zu konzentrieren.
Für die Flaute kann diese Regel keine Gültigkeit haben. Hier gilt es zur Bekämpfung der Flautenfolgen alle Ressourcen und Reserven, alle Mittel und Möglichkeiten zu nutzen. Das Potential des Unternehmens muß in schlechten Wirtschaftszeiten voll ausgeschöpft werden, um weiterhin oder wieder Gewinne zu machen.
Dazu ist es notwendig, systematisch alle Unternehmenspotentiale abzuklopfen, ob und inwieweit sie zur Flautenbekämpfung nutzbar gemacht werden können.

(1) Entwicklung und Konstruktion

Besitzt ein Unternehmen eine eigene Entwicklungsgruppe oder -abteilung, so sollte sie bei einer Potentialanalyse nicht ausgespart werden, denn häufig befinden sich hier zusätzlich nutzbare Potentiale.
Dabei sollte nicht vergessen werden, die Erzeugnisse und das Erzeugnisprogramm zu prüfen. In vielen Industrieunternehmen liegt hier noch ein ungenutztes, vermarktungsfähiges Potential. Mit der umseitigen Checklist können solche Potentiale aufgespürt werden.
Daneben können auch Infrastruktureinrichtungen der Entwicklung und Konstruktion dadurch genutzt werden, daß sie beispielsweise für benachbarte Unternehmen Aufgaben übernehmen:

- Hausdruckerei
- Lichtpauserei
- Mikroverfilmung
- Normierung
- Technische Berechnungen
- Wertanalysen
- Zeichnungserstellung

Auch durch Zusammenlegung solcher Stellen von zwei oder mehr Unternehmen kann natürlich ein Nutzen erzielt werden.

Checklist: Entwicklungspotential
– Gibt es ungenutzte Patente oder Patentanmeldungen? – Können brachliegende Patente verkauft oder in Lizenz vergeben werden? – Gibt es Gebrauchsmusterschutzrechte, die an andere Unternehmen vergeben werden können? – Können Arbeitnehmererfindungen übernommen und ausgewertet werden? – Gibt es die Möglichkeit Erzeugnislizenzen an Unternehmen im Ausland zu vergeben? – Verfügt das Unternehmen über anderes ungenutztes Know-how, das vermarktet werden kann? – Können Entwicklungs- und Konstruktionsaufträge von Fremdunternehmen erlangt werden? – Besitzt das Unternehmen das Know-how um Beratungs- und Consultingaufgaben zu übernehmen? – Können solche Beratungs- und Consultingaufträge oder -subaufträge erlangt werden? – Besitzt das Unternehmen modernes technisches Wissen, das allgemein interessant und das als gebührungspflichtige Seminare angeboten werden kann? – Können für umfangreiche technische Angebote Bearbeitungskosten verlangt werden? – Können von der Entwicklungsabteilung für andere Unternehmen technische Dienstleistungen ausgeführt werden? – Können für die Entwicklungswerkstatt Prototypenaufträge erlangt werden?

(2) Fertigung

Die schlechte Auslastung der Fertigung ist ein Kennzeichen der Rezession. Diese Kapazität besser zu nutzen, sollte eine hervorragende Aufgabe in der Flaute sein:

- Lohnfertigung für andere Unternehmen auf allen Ebenen:
  - Fertigerzeugnisse
  - Montage
  - Halbfabrikate
  - Teile
  - Arbeitsgänge
- Vermietung von Kapazität an andere Unternehmen:
  - Maschinen einschließlich Bedienung
  - Fertigungsstätten
- Ausleihe von Fertigungsspezialisten an andere Unternehmen

- Durchführung von Reparatur- und Wartungsaufträgen für andere Unternehmen

Besitzt ein Unternehmen seltene Spezialmaschinen, so besteht natürlich eine günstige Möglichkeit, solche Maschinen für Lohnaufträge einzusetzen. Die in Deutschland tätigen Kapazitätsmakler und auch die Industrie- und Handelskammer können zur Auftragsermittlung hilfreich sein.
Entsprechend der Nutzung der Infrastruktureinrichtungen der Entwicklung kann ebenfalls eine Nutzung dieser Hilfsstellen der Fertigung angestrebt werden. Dazu zählen vornehmlich:

- Arbeitspapiererstellung
- Betriebshandwerker
- Kistenschreinerei
- Vorrichtungsbau
- Vorrichtungskonstruktion
- Werkzeugkonstruktion
- Werkzeugmacherei

Ebenso ist zu prüfen, ob zu Außenmontagen im Fremdauftrag Fertigungsmitarbeiter eingesetzt werden können.

(3) Anlagen

In der Rezession werden Vermögenswerte freigesetzt, die in der Hochkonjunktur wichtig waren oder die in besseren Zeiten zur Rücklagenbildung und als Zukunftsvorsorge erworben wurden. Solche Vermögenswerte zu ermitteln und ihr entbehrliches Potential zu nutzen, gilt es nun in der Flaute.
Durch die Wirtschaftsbedingungen ist es in dieser Wirtschaftslage oft kaum möglich, nicht mehr benötigte Vermögenswerte lukrativ zu verkaufen. Außerdem ist nicht auszuschließen, daß zu einem späteren Zeitpunkt dieses Potential wieder benötigt wird. Deswegen ist die Möglichkeit der

- Vermietung oder
- Verpachtung

zu prüfen.

Die Verwertung von Vermögenswerten in dieser Form bietet sich besonders an für solche Vermögenswerte wie:

- Ausstellungs- und Demonstrationsräume
- Bürogebäude und -räume
- Erweiterungs- und Ersatzgrundstücke
- Fertigungshallen, -gebäude und -werkstätten
- Kundendienstwerkstätten
- Parkplätze
- Teile des Rechenzentrums
- Teilung von überdimensionierten Verkaufsflächen
- Verkaufshäuser und -niederlassungen
- Werbeflächen an Gebäuden und Fahrzeugen

Für geringwertige Gegenstände, die aufgrund der Rezession frei werden oder die zur Kostensenkung eingespart werden, sollten Käufer gesucht werden:

- Büromaschinen
- Büromöbel
- Einrichtungsgegenstände
- Kommunikationsmittel wie Fernschreiber, Telefaxgeräte usw.
- Lastkraftwagen
- Personenwagen

(4) Elektronische Datenverarbeitung

Ein in einem Unternehmen eingesetzter Computer und sein Umfeld sind immer einer Prüfung dieses Potentials wert:

- Elektronische Rechner sind in den letzten Jahren erheblich kleiner geworden. Ein vor einigen Jahren errichtetes Rechenzentrum ist deswegen häufig überdimensioniert. Durch das Einziehen einer Wand ist es oftmals möglich zwei Rechnerräume zu gewinnen, von denen ein Raum einschließlich Hilfsräumen vermietet werden kann.

- Manche Rechner sind nicht ausgelastet, sind aber aus technischen Gründen nicht verkleinerbar. Diese ungenutzte Kapazität kann in verschiedener Weise genutzt werden:
  - Vermietungen von Rechnerkapazität mit Operatorstellung durch den Mieter
  - Verkauf von Rechenzentrumskapazität, bei welcher fremde Programme in eigener Regie die Aufgaben abarbeiten
  - Durchführung von Datenverarbeitungsaufgaben für andere Unternehmen als »EDV-außer-Haus-Leistung«
  - Einbringung des Rechenzentrums in eine Kooperation mit anderen Unternehmen und Nutzung als Gemeinschaftsrechenzentrum

- Von einigen Unternehmen wurde die EDV-Abteilung und das Rechenzentrum in einem rechtlich unabhänigen Unternehmen verselbständigt. Die gegebene Rechner-, Programm- und Mitarbeiterkapazität wird dabei vermarktet. Die Kapazität einer EDV-Tochter steht natürlich der Mutter zu günstigen Bedingungen zur Verfügung.

- In Zeiten der Rezession stellt sich natürlich auch die Frage, ob es denn ein eigenes Rechenzentrum sein muß. Durch unterschiedliche Maßnahmen ist es durchaus möglich, auf ein eigenes Rechenzentrum zu verzichten:
  - Nutzung eines Service-Rechenzentrums
  - Miete von Rechnerkapazität bei einem anderen Unternehmen
  - Beteiligung an einem Gemeinschaftsrechenzentrum
  - Nutzung der EDV aus der Telefonleitung. Hier werden Terminals über die Telefonleitung an einen fremden Rechner angeschlossen.

- Die Entwicklung in der EDV schreitet sehr schnell voran. Sehr leistungsfähige Klein-, Mikro- und Personalcomputer werden schon in großer Zahl eingesetzt. Durch den Einsatz solcher Computer in den Fachabteilungen ist es möglich auf ein Rechenzentrum zu verzichten, da diese Computer keine besondere Klimatisierung mehr brauchen. Bedeutsam ist, daß die Kosten für die Kleincomputer wesentlich geringer sein können, als diejenigen für Großcomputer.

- Viele Unternehmen haben sich in den letzten Jahren eine Reihe von EDV-Programmen für die unterschiedlichsten Aufgaben erarbeitet. Diese Aufgaben gibt es auch in anderen Unternehmen. Deswegen sollte versucht werden, diese Programme so oft wie möglich in Lizenz zu vergeben. Ein halbjährlich erscheinender Katalog aller von den Anwendern angebotenen Programme kann der erste Ansatzpunkt für die Vermarktung der eigenen Programme sein.

- EDV-Spezialisten mit einem reichen Erfahrungsschatz sind auch in der Rezession gesuchte Mangelware:
  - Systemanalytiker
  - Systemprogrammierer
  - Datenbankspezialisten
  - EDV–Organisatoren

  Mit ihrem Einverständnis können solche Spezialisten natürlich auch Aufträge für andere Unternehmen durchführen. Deshalb sollte versucht werden, solche Projektaufträge zu erlangen.

(5) Mitarbeiter

In vielen Unternehmen erbringen die Mitarbeiter beachtliche Leistungen. Trotzdem wird ihr Potential nur unvollständig genutzt. Die Mitarbeiter jedes Unternehmens können neben ihrer Arbeitsaufgabe auch aktiviert werden zu anderen Aufgabenlösungen.

- Als Käufer der eigenen Produkte lassen sich die Mitarbeiter von Gebrauchs- und Verbrauchsgüterunternehmen dann gerne gewinnen, wenn ihnen ein ansprechender Belegschaftsrabatt eingeräumt wird und/oder wenn sie entsprechend motiviert werden.

- Als Verkäufer werden die Nichtverkaufsmitarbeiter noch oftmals vollständig übersehen. Durch die vielfältigen Beziehungen der Mitar-

  - Verwandte
  - Bekannte
  - Vereinskameraden
  - Nachbarn
  - Freunde

  haben, ist hier ein Verkaufspotential gegeben, das genutzt werden sollte, wenn das Erzeugnisprogramm diesen Vertriebsweg empfehlen läßt! Durch interessante Provisionsgestaltung und die verkaufspsychologische Wirkung des »Beziehungshandels« können hier erhebliche Erfolge erreicht werden.

- Als Ideenlieferant werden Mitarbeiter in vielen Unternehmen mit Hilfe des betrieblichen Vorschlagswesens genutzt. Durch Sonderprogramme wie zum Beispiel
  - Energiesparwettbewerb
  - Kostensenkungsprogramm
  - Werbeideenaktion

  kann weiterhin versucht werden, das Wissen und die Erfahrung der Mitarbeiter außerhalb ihres Aufgabengebietes zu nutzen.

V. Personalbezogene Anstrengungen

Die Mitarbeiter jedes Unternehmens bestimmen durch ihre

- Denkweisen,
- Ziele und Wünsche,
- Entscheidungen,
- Handlungen und
- Unterlassungen

wesentlich den Erfolg bei der Rezessions- und Stagnationsbekämpfung. Sie müssen deswegen wirksam einbezogen werden in alle Anstrengungen, um die Auswirkungen der Flaute in den Griff zu bekommen, um damit wieder Gewinne zu machen.
Die Nutzung des Einfallsreichtums und des Engagements, der Identifikation und der Initiative der Mitarbeiter zur verstärkten Bekämpfung der Flaute kann auf verschiedenen Ebenen der Personalpolitik erfolgen:

- Belegschaftsoptimierung
- Klimaverbesserung
- Mitarbeitermotivation
- Belegschaftsaktivierung

Auf diesen Hebel zur Rezessionsbekämpfung zu verzichten, mußte immer als ein gravierender Fehler erkannt werden.

A. Optimieren Sie Ihren Personaleinsatz

Die Auswirkungen der Rezession und ihrer Folgen machen oftmals auch Maßnahmen im Personalbereich notwendig. Immer ist das Personal für ein Unternehmen nicht nur der wichtigste Leistungsfaktor, sondern auch ein bedeutsamer Aufwandsfaktor. Eine Verminderung der Belegschaft ist deswegen in dieser Wirtschaftslage oftmals unabdingbar. Entlassungen oder gar Massenentlassungen vorzunehmen, bedingen in der Regel eine Vielzahl von negativen Auswirkungen, wie sich in vielen Unternehmen gezeigt hat:

- Der Leistungsgrad der Gesamtbelegschaft geht zurück.
- Das Betriebsklima verschlechtert sich merklich.
- Das Unternehmensimage leidet erheblich.
- Langwierige Arbeitsgerichtsverfahren werden wahrscheinlich auszutragen sein.
- Den Entlassenen droht langfristige Arbeitslosigkeit.
- Eingearbeitete Mitarbeiter gehen verloren. Beim nächsten Aufschwung müssen neue Mitarbeiter eingestellt und eingearbeitet werden.

Deswegen sollte man auch in der Rezession bemüht sein, zunächst alle anderen Möglichkeiten auszuschöpfen, bevor Entlassungen vorgenommen werden.

(1) Belegschaftsanpassungen

Die Belegschaft an die Stagnation und ihre Folgen anzupassen, kann zunächst ohne Freistellungen durch eine Reihe von Maßnahmen vorgenommen werden. Dabei sollte immer auch beachtet werden, daß früher oder später der Aufschwung kommt. Dann werden wieder zusätzliche Mitarbeiter benötigt. Durch geeignete Maßnahmen in der Flaute können bisherige Mitarbeiter im Aufschwung wieder die Personalbasis verstärken:

- Umwandlung von Vollzeitarbeitsverträgen in Teilzeitverträge
- Verminderung der Arbeitsstundenzahl bei bestehenden Teilzeitverträgen
- Vereinbarung eines unbezahlten Urlaubs von 6 oder 12 Monaten
- Beurlaubung von Mitarbeitern zu einem unterstützten Studium oder einem Auslandsaufenthalt
- Vertragliche Umwandlung von Dauerarbeitsverträgen in befristete Verträge
- Jobsharing – Arbeitsverhältnis für zwei Mitarbeiter, die bisher zwei Arbeitsplätze eingenommen haben
- Umwandlung von Vollzeitarbeitsverträgen in Verträge mit eingeschränkter flexibler Arbeitszeit nach den Bedürfnissen des Unternehmens
- Vereinbarungen mit mehreren Mitarbeitern einer Familie in der Weise, daß nur noch ein Familienmitglied während der Rezession arbeitet
- Beendigung von befristeten Arbeitsverträgen

Ist es auch mit diesen Methoden nicht möglich die Belegschaft an den Personalbedarf anzupassen, so können weitere Maßnahmen erforderlich werden:

- Freiwillige Arbeitsvertragsbeendigung durch Abschluß eines Aufhebungsvertrages
- Vorzeitige Pensionierung älterer Mitarbeiter
- Abschluß von Verträgen als freie Mitarbeiter anstelle von Arbeitsverträgen für hochqualifizierte Tätigkeiten wie Juristen, Programmierer, usw.

Wird nur mit einer vorübergehenden Auslastungschwäche gerechnet, so bietet sich vor Entlassungen eine Phase der Kurzarbeit an. Dabei übernimmt das Arbeitsamt einen Teil der Löhne.

(2) Aufwandsanpassung

Bevor zu Belegschaftsanpassungen gegriffen werden sollte, gilt es den Personalaufwand an die Rezessionswirkungen anzupassen. Dazu können solche Maßnahmen dienen wie:

- Minderung von freiwilligen Leistungen wie Urlaubsgelder, Weihnachtsprämien usw.
- Rückführung übertariflicher Zulagen auf die Tarifverdienste. Solche Änderungen können durch Vereinbarung mit dem Betriebsrat erreicht werden.
- Anrechnung von Tariferhöhungen auf bisher übertarifliche Zahlungen.
- Abschaffung von rezessionsunnötigen Aufwandsquellen wie beispielsweise Anwesenheitsprämien, Krankenkontrollbesucher usw.
- Überprüfung der Eingruppierung aller Mitarbeiter in die Tarifgruppen mit entsprechender freiwilliger Umgruppierung oder Umgruppierung durch Änderungskündigungen.

Aber auch auf Großzügigkeiten, die man sich in Wachstumszeiten leisten konnte und geleistet hat, sollte man in der Rezession verzichten:

- Verzicht auf Feiertagsbezahlung bei solchen Mitarbeitern, die vor oder nach solchen Tagen »blaumachen«
- Keine Lohnfortzahlung bei verunglückten Autofahrern mit Alkohol am Steuer
- Rückforderung von Löhne und Gehälter für Urlaubstage, die zur Schwarzarbeit genutzt wurden
- Verzicht auf zusätzliche Leistungen an Führungskräften, wie beispielsweise Telefonkostenerstattung, Abonnementübernahme für Tageszeitungen usw.
- Rückzahlung von Treueprämien bei alsbaldiger Kündigung durch den Mitarbeiter

Eine Vielzahl weiterer solcher Beispiele gibt es in der betrieblichen Praxis.

(3) Dienstreisen

Dienst- und Geschäftsreisen sind häufig wenig ertragreich aber fast immer teuer. Aber auch in der Rezession geht es nicht ohne Reisen. Um sicherzustellen, daß alle Dienstreisen rezessionsgerecht durchgeführt werden, empfiehlt es sich entweder, eine Reiseordnung vorzugeben oder die vorhandene Ordnung anzupassen.

Reiseordnung
– Keine Dienstreise ohne schriftliche Genehmigung. – Genehmigung und Abrechnung von Dienstreisen mit einem kombinierten Formular. – Nur in Ausnahmefällen gemeinsame Dienstreisen mehrerer Mitarbeiter. – Zusammenlegung mehrerer Dienstreisen zu einer wohl abgestimmten Mehretappenreise. – Dienstwagen mit und ohne Fahrer stehen nur der obersten Leitung zur Verfügung. – Die zu benutzenden Verkehrsmittel werden in Abhängigkeit von der Entfernung vorgeschrieben. – Verzicht auf individuelle Vorschußzahlung – bei Erfordernis wird eine Firmenscheckkarte zur Verfügung gestellt. – Beschaffung von Fahrkarten, Flugtickets, Platzkarten, Hotelreservierungen nur durch die eigene Reisestelle oder ein Vertragsreisebüro. – Übernachtung nur in Vertragshotels, mit denen ein Preisrabatt vereinbart ist. – Mietwagenbenutzung nur von einer Autovermietung, mit der ein Dauerkundenvertrag besteht. – Berücksichtigung des Dienstganges mit verminderten Sätzen in der Reiseordnung. – Reisekostenabrechnung in der Regel nach Einzelnachweisen und nur in Ausnahmefällen über Pauschalbeträge. – Zahlung der Reisekosten mit der nächsten Gehaltsabrechnung. – Außendienstmitarbeiter erhalten eine monatliche Reisekostenpauschale.

Jede Reisekostenabrechnung sollte genau geprüft und nachgerechnet werden. Man sollte sich dabei auch nicht scheuen, abgerechnete Beträge nicht anzuerkennen, wenn ein Betrag im Hinblick auf die Kostenminderungspflicht jedes Mitarbeiters als überhöht oder unnötig angesehen wird.

Natürlich müssen darüberhinaus Maßnahmen ergriffen werden, um Dienstreisen in der Rezession möglichst billig zu gestalten:

- Nutzung der preisgünstigen Angebote der Bundesbahn:
  - Unpersönliche Jahreskarte
  - Großkundenabonnements für 25.000 oder 50.000 km
  - Persönliche Bezirksnetzkarten
- Dienstreisen mit der Bundesbahn ausschließlich in der zweiten Klasse
- Einsatz der Privatwagen der Mitarbeiter mit Bezahlung einer angemessenen Kostenpauschale je Kilometer
- Nutzung aller Verbilligungsmöglichkeiten bei Flugreisen:

– Nutzung von Charterflug- und Wochenendangeboten
– Rabatteinräumung für Langsteckenflüge
– Im Ausland gebuchte, verbilligte Tickets
- Flugreisen ausschließlich in der Business Class
- Vertragsabschluß mit einem Reisebüro mit beachtlicher Rabattgewährung
- Dauerkundenverträge mit Rabattgewährung mit
  – Reisebüro
  – Hotels an Orten mit häufigen Mitarbeiterübernachtungen
  – Hotel am Standort für Gästeübernachtungen
  – Restaurant am Standort für Gästebewirtung
  – Mietwagenunternehmen

Ferngespräche sind natürlich auch teuer. Sie sind aber oft wesentlich billiger als eine Dienstreise. Deswegen sollte vor jeder Dienstreise geprüft werden, ob die anstehende Aufgabe nicht auch telefonisch oder brieflich abgewickelt werden kann. Hinzu kommt natürlich, daß bei Verzicht auf eine Dienstreise die Mitarbeiterkapazität viel weniger belastet wird. Telefongespräche oder Briefdiktate kosten Minuten – Dienstreisen benötigen Stunden oder sogar Tage.

(4) Aus- und Fortbildung

Was aus volkswirtschaftlicher Sicht durchaus wünschenswert ist, kann beim betrieblichen Kampf gegen die Rezessionsauswirkungen durchaus nachteilig sein. Deswegen ist die betriebliche Ausbildung auf allen Ebenen,

- Praktikanten
- Volontäre
- Auszubildende

zu überprüfen und den Rezessionserfordernissen anzupassen.

Auch die Fortbildung der Mitarbeiter muß in der Rezession überprüft werden. Es sollte dabei durchaus erwogen werden, ob für die Zeit der Flaute nicht ganz auf betriebliche Fortbildungsmaßnahmen verzichtet werden kann:

- Einsparung von Honoraren, Spesen usw.
- Keine Fehlzeiten für Fortbildungsmaßnahmen
- Konzentration auf die Rezessionsbekämpfung

Zur personalen Entlastung kann dabei auch an die Freistellung von Mitarbeitern zur Absolvierung eines Studiums gedacht werden.
Werden Spezialkenntnisse benötigt, beispielsweise auf Gebieten wie

- Datenverarbeitung,
- Entwicklung und Konstruktion,
- Organisation,

so kann aus wirtschaftlichen Gründen in der Rezession oftmals auf die Vermittlung solcher Kenntnisse an einen Mitarbeiter verzichtet werden, wenn diese Kenntnisse und Erfahrungen nur vorübergehend benötigt werden. Durch einen Vertrag mit einem freien Mitarbeiter oder mit einem Zeitarbeitsvertrag kann für eine definierte Zeit ein Fachmann angeworben werden, der nach der Durchführung der Aufgabe das Unternehmen wieder verläßt und es nicht weiter belastet.

(5) Spezialisten

In Zeiten der Hochkonjunktur hat sich manches Unternehmen ohne allzu fundierte Prüfung besondere Stellen eingerichtet und dafür Spezialisten angeworben und oftmals hauptamtlich eingesetzt:

- Assistenten
- Ausbilder
- Datenschutzbeauftragte
- Dolmetscher für Gastarbeiter
- Fotolaborant
- Gebrauchsgrafiker
- Normeningenieur
- Patentingenieur
- Pressereferent
- Rechtsreferent
- Schweißfachingenieur
- Sicherheitsingenieur

- Steuerspezialist
- Texter
- Werksarzt
- Wertanalytiker

Für diese Spezialisten gibt es in der Rezession oftmals nur noch eingeschränkte Aufgaben. Deswegen ist zu prüfen, ob weiterhin ein hauptamtlicher Mitarbeiter für diese Spezialaufgaben benötigt wird, oder ob

- ein Teilzeitmitarbeiter die Aufgaben abwickeln kann,
- ein anderer Mitarbeiter die Aufgaben zusätzlich übernehmen kann,
- in freier Mitarbeiterschaft ein Fachmann angeworben werden kann,
- die Aufgabe von einem Dienstleistungsunternehmen übernommen werden kann.

Da Spezialisten üblicherweise nicht billig sind, liegt hier die Möglichkeit zu einer merklichen Verminderung des Personalaufwandes.

(6) Erfolgsanpassung

Die Rezession ist auch dadurch gekennzeichnet, daß Mitarbeiter sowohl für Vollzeit- wie auch für Aushilfs- und Teilzeitarbeiten kurzfristig angeworben werden können. Im Gegensatz zu Zeiten der Hochkonjunktur, in denen zur Arbeitserledigung versucht werden muß, die Belegschaft auf dem durchschnittlichen Personalbedarf auszurichten, sollte in der Rezession nur mit einer minimalen Personalkapazität gearbeitet werden:

- Senkung der Personalkosten
- Umwandlung von Fixkosten in variable Kosten
- Höhere Elastizität für Maßnahmen zur Rezessionsbekämpfung
- Kurzfristige Anpassungsmöglichkeiten durch die Rezessionsauswirkungen am Arbeitsmarkt

Notwendige Anpassungen der Personalkapazität können üblicherweise problemlos erfolgen:

- Rückgängigmachung von Maßnahmen zur Belegschaftsanpassung
- Einstellungen mit befristeten Arbeitsverträgen

- Heimarbeitvergabe an frühere Mitarbeiterinnen und Rentner
- Hausfrauenschicht nach Ende der üblichen Arbeitszeit
- Anwerbung von Studenten, Hausfrauen, Schülern usw.
- Einsatz von Zeitarbeitskräften
- Fremdvergabe von Aufgaben an Subunternehmen, Schreibbüros, Behindertenwerkstätten usw.

Dabei darf nicht vergessen werden, daß in der Flaute die Bereitschaft zu Überzeitarbeit steigt. Dadurch gibt es hier einen Kapazitätspuffer, der ebenfalls genutzt werden kann.

B. Sichern Sie sich ein gutes Betriebsklima

Die Leistung der Mitarbeiter wird nicht unwesentlich durch das Betriebsklima beeinflußt. Durch die Rezessionswirkungen

- Rückgang des Auftragseinganges,
- Verminderung der Umsatzzahlen,
- Einsparung von Arbeitsplätzen,
- Konkurse von Unternehmen,
- Verringerung der staatlichen Sozialleistungen,

werden die Belegschaftsmitglieder in der Rezession besorgt. Die Sorge um den Arbeitsplatz geht nach Meinungsumfragen der demoskopischen Institute in erheblichem Umfang um.
In dieser für niemanden leichten Lage,

- Geschäftsleitung,
- Belegschaft,
- Betriebsrat,

ist es nur förderlich, um die Wirkungen von Rezession und Stagnation zu bekämpfen, wenn das Betriebsklima gut oder zumindest nicht allzu schlecht ist. Ein schlechtes Betriebsklima

- verhärtet die Fronten,
- verhindert das Erkennen gemeinsamer Ziele,
- vermindert die Leistung und
- verbaut vernünftige Lösungen.

(1) Verbesserung des Betriebsklimas

In vielen Unternehmen fühlen sich die Mitarbeiter nicht genügend informiert. In Zeiten guter Konjunktur ist dieses Gefühl von geringer Bedeutung, denn daraus resultieren üblicherweise keine persönlichen Konsequenzen.
In Zeiten der Flaute besteht aber für jeden Mitarbeiter die Gefahr von Kurzarbeit und Arbeitsplatzverlust. Hier hat jeder Mitarbeiter ein unmittelbares Interesse an Informationen über

- die Auswirkungen der Rezession auf das Unternehmen,
- die Maßnahmen zur Bekämpfung der Rezessionseinflüsse und
- die Zukunftserwartungen des Unternehmens.

Fehlende Information bedingen Gerüchte und Falschinformationen. Hier können gruppendynamische Prozesse ihre Ursache haben, die sehr negative Auswirkungen auf die Rezessionsbekämpfung des Unternehmens haben können.
Deswegen ist es von wesentlicher Bedeutung, die Mitarbeiterinformation in dieser Wirtschaftslage zu verstärken und zu verbessern. Diese Aufgabe dem Betriebsrat zu überlassen, ist nicht empfehlenswert.
Zur Verstärkung der Mitarbeiterinformation sollte jedoch nicht die nächste Betriebsversammlung abgewartet werden, sondern die Geschäftsleitung sollte ihr eigenes Informationsinstrumentarium benutzen:

- Dienstbesprechungen auf Abteilungs-, Bereichs- und Unternehmensebene
- Persönliches Anschreiben der Mitarbeiter mit einem Geschäftsleitungsbrief
- Verstärkung der Informationen in der Mitarbeiterzeitschrift oder Herausgabe einer solchen Zeitschrift
- Information über die »schwarzen Bretter« im Betrieb
- Nutzung von betrieblichen Veranstaltungen zur Information:
  - Weihnachtsfeiern und Betriebsfeste
  - Ehrungen und Jubiläen
  - Schulungsveranstaltungen
  - Veranstaltungen der leitenden Mitarbeiter

Dabei gilt es einmal ohne Beschönigungen, aber auch ohne die Erzeugung von Krisenstimmung die Lage des Unternehmens darzustellen und daraus Folgerungen abzuleiten. Entscheidend ist dabei, daß immer wieder betont wird und auch indirekt zum Ausdruck kommt »wenn alle mitwirken, dann wird auch diese Krise erfolgreich überstanden«. Das bedeutet, in allen Informationen herauszustellen:

- Es gibt Schwierigkeiten, vielleicht sogar erhebliche Schwierigkeiten, aber sie sind lösbar.
- Zur Lösung wurden bereits Maßnahmen eingeleitet und weitere Maßnahmen werden folgen.
- Gemeinsam sind die Schwierigkeiten überwindbar.

- Alle Mitarbeiter müssen zur Lösung der Schwierigkeiten beitragen:
  - Höhere Leistung
  - Vergrößerung der Effizienz
  - Größere Arbeitsqualität
  - Verzicht auf Egoismus

Den Mitarbeitern muß klar werden, daß alle im gleichen Boot sitzen und daß das Boot nur dadurch den sicheren Hafen erreicht, wenn alle an ihrem Platz mitwirken, das Boot zu retten.

(2) Verhältnis zum Betriebsrat

Auch wenn alle gemeinsam versuchen das Boot »Unternehmen« über die Rezession zu retten, so kann es doch über die Art und Weise, wie diese Rettung erfolgen sollte, sehr unterschiedliche Meinungen geben.
Diese unterschiedlichen Meinungen sind systemimmanent zwischen Geschäftsleitung und Betriebsrat. Eine vollkommene Übereinstimmung über die Maßnahmen zur Bekämpfung der Rezessionswirkungen zwischen Geschäftsleitung und Betriebsrat wird es selten geben.
Um trotzdem zu vernünftigen Lösungen zu kommen, ist es notwendig, das Verhältnis zwischen Geschäftsleitung und Betriebsrat auf einer sachlichen Ebene zu halten. Es muß deswegen von beiden Partnern des Betriebsverfassungsgesetzes versucht werden

- keine persönlichen Verunglimpfungen und Konflikte aufkommen zu lassen;
- die Auseinandersetzungen auf die gegebenen Rezessionsprobleme zu beschränken;
- von beiden Seiten bemüht zu sein, Kompromisse zu finden und akzeptable Lösungen auszuarbeiten;
- Lösungen in Gesprächen und Verhandlungen zu suchen und nicht durch Schiedsurteile und Gerichtsprozesse andere Institutionen miteinzubeziehen;
- immer so zu verhandeln und zu handeln, daß eine gemeinsame Vertrauensbasis gewahrt bleibt.

In vielen Unternehmen hat es sich gezeigt, daß ein sachliches und vertrauensvolles Klima zwischen Geschäftsleitung und Betriebsrat wesentlich zur Lösung der Rezessionsprobleme beitragen kann.

C. Verbessern Sie Ihre Mitarbeitermotivation

Gewinne machen ist in unserem Wirtschaftssystem ein Synonym für

- gut wirtschaften,
- erfolgreich sein,
- effizient zu handeln.

In der Rezession wird die Gewinnerzielung durch die wirtschaftliche Lage erschwert. Um noch Gewinne zu machen, müssen verstärkte Anstrengungen gemacht werden

- durch den Unternehmer und
- durch seine Mitarbeiter.

Nur wenn die flautenbedingte Beeinträchtigung durch zusätzliche Anstrengungen ausgeglichen werden, wird man auch in dieser Wirtschaftslage Gewinne erzielen.
Natürlich werden die Mitarbeiter in der Flaute auch ihre Bemühungen verstärken. Das zeigt sich beispielsweise an der nachlassenden Krankheitsquote in der Rezession. Jedoch sollte man sich nicht begnügen mit der individuellen Rezessionsmotivation der Mitarbeiter:

- Angst vor Arbeitsplatzverlust
- Solidarisierung mit den Unternehmensanstrengungen
- Leistungserhöhung aus Kollegialität
- Motivation durch die Medien

(1) Direkte Motivation

Die Mitarbeiter müssen zur Überwindung der Rezessionsauswirkungen gezielt motiviert werden,

- ihre Leistungen zu erhöhen,
- möglichst effizient ihre Leistungskraft einzusetzen,
- sich rezessionsgerecht zu verhalten und
- aktiv an der Flautenüberwindung mitzuarbeiten.

Folgt man HERZBERG, der dies durch die PITTSBURGH – Studie nachgewiesen zu haben glaubt, so ist die Leistung der Mitarbeiter nicht nur von deren Motivation, sondern auch von den Arbeitsbedingungen abhängig. Wesentliche Arbeitsbedingungen, sie werden von HERZBERG als Hygienefaktoren bezeichnet, sind vornehmlich solche Faktoren wie:

- Lohn- oder Gehaltshöhe
- Beziehungen zu den Kollegen
- Führungsgüte der Vorgesetzten
- Verhältnis zum direkten Chef
- Organisation des Unternehmens
- Information der Mitarbeiter
- Politik der Geschäftsleitung

Mit Ausnahme des an erster Stelle genannten Faktors »Höhe von Lohn oder Gehalt« sind die übrigen Faktoren ausnahmslos dadurch gekennzeichnet, daß sie zumindest nicht direkt Kosten verursachen, wenn man bestrebt ist sie positiv zu beeinflussen.
Zur Erlangung einer sicheren Basis für die Motivation der Mitarbeiter sind folglich mehrere Aufgaben durchzuführen:

- Betriebsklima
  Ein gutes Betriebsklima ist die erste Voraussetzung, die geschaffen werden muß. In einem besonderen Kapitel wird auf die Pflege und die Verbesserung des Betriebsklimas eingegangen.

- Führung
  Nur derjenige ist ein guter Vorgesetzter,
  - Gruppenleiter
  - Abteilungsleiter
  - Bereichsleiter
  - Geschäftsleiter

  der es versteht, seine Mitarbeiter
  - optimal einzusetzen,
  - zu guten Leistungen zu veranlassen,
  - Konflikte zu vermeiden,
  - mit dem Unternehmen zu identifizieren.

  Gute Vorgesetzte sind folglich die nächste zu erfüllende Vorausset-

zung. Durch eine Reihe von Maßnahmen kann die Führung verbessert werden:
- Vorbildliche Führungskonzeption der Geschäftsleitung
- Definition des Führungsstils in einer Führungsanweisung und seine Durchsetzung
- Schulung in Führungsstil und -technik

- Organisation
  Eine effiziente und übersichtliche Organisation des Unternehmens im Hinblick auf
  - Aufbau und
  - Ablauf
  sind eine weitere Basis zum richtigen Mitarbeiterverhalten.

- Information
  Nicht durch die »Putzfrau« oder aus der »Gerüchteküche« sollten die Mitarbeiter die notwendigen Informationen beziehen. Schnelle und angemessene Information durch die Geschäftsleitung oder durch die direkten Vorgesetzten sind in der Rezession von besonderer Bedeutung.

- Geschäftspolitik
  Die vom Unternehmen verfolgte Geschäftspolitik ist ein weiterer Faktor, der eine nicht unwesentliche Rolle spielt. Für die Personalpolitik empfehlen sich inbesondere die Berücksichtigung von Grundsätzen wie
  - interne Aufstiegsbesetzung
  - »Offene Tür« bei jedem Vorgesetzten
  - berufliche Förderung der Mitarbeiter
  - Verbesserung der Arbeitsbedingungen
  - innerbetriebliche Stellenausschreibung

Der Einsatz von Motivatoren ist nur dann wirksam, wenn sie bei Arbeitsbedingungen eingesetzt werden, welche bei den Mitarbeitern im allgemeinen Zufriedenheit verursachen. Bei Unzufriedenheit der Mitarbeiter mit den Arbeitsumständen wird durch den Einsatz von Motivatoren nur die Unzufriedenheit ausgeglichen. Hier verpufft folglich die Wirkung der Motivatoren. In diesem Fall wird durch den Motivatoreneinsatz nur das erreicht, was mit entsprechenden Arbeitsbedingungen sich automatisch ergeben hätte.

Das bedeutet, daß die Motivatoren unwirksam werden. Mit ihnen lassen sich folglich die Mitarbeiter nicht oder nur wenig zur Bekämpfung der Rezession besonders aktivieren. In diesem Fall muß überlegt werden mit einer anderen Methode zu arbeiten. Hier kann die Krisenmethode im Notfall zum Einsatz kommen.
Damit ergibt sich folglich vornehmlich die Alternative:

- Motivationsmethode bei relativer Zufriedenheit der Mitarbeiter zur Flautenbekämpfung.
- Krisenmethode bei Unzufriedenheit der Mitarbeiter zur Überlebenssicherung des Unternehmens.

Selbstverständlich werden auch beide Methoden in Kombination angewandt. Falsch ist es auf jeden Fall darauf zu verzichten, die Mitarbeiter zur Überwindung der gegebenen Wirtschaftslage nicht zu aktivieren. Wenn das Unternehmen um seinen Fortbestand oder zumindest um die Erreichung der Gewinnbasis kämpft, dann muß jeder Mitarbeiter daran auch beteiligt sein. Sonst stimmt die Bezeichnung »Mit«-arbeiter in keiner Beziehung.
Beim Einsatz der Motivationsmethode zur Rezessionsüberwindung können verschiedene Arten von Motivatoren benutzt werden:

- Materielle Motivatoren
  Da diese Motivatorengruppe selbst Kosten verursacht, ist ihr Einsatz zur Rezessionsbekämpfung genau abzuwägen.
  Ihr Einsatz ist einmal in der Form der Leistungsentlohnung möglich:
  - Akkordlohn
  - Prämienlohn
  - Leistungslohn

  Hier ist eine Betriebsvereinbarung zur Festlegung der Umsetzung von Leistung in Entgelt erforderlich.
  Daneben können natürlich auch materielle Motivatoren ohne vertragliche Vereinbarungen für besondere Leistungen bei der Rezessionsbekämpfung ausgelobt und gewährt werden:
  - Leistungsprämien
  - Leistungszulagen
  - besondere Deputate wie unentgeltliche Casinobenutzung
  - Privatnutzung beispielsweise eines Firmenwagen

- **Immaterielle Motivatoren**
  Für leitende Mitarbeiter besitzen, wie empirische Untersuchungen gezeigt haben, immaterielle Motivatoren eine stärkere Wirkung als die Auslobung von materiellen Anreizen. Die Aussicht auf die Vorteile oder vermeintlichen Vorteile der immateriellen Motivatoren hat oftmals eine beachtliche Wirkung im Kampf gegen die Flaute:
  – Titelverleihungen wie Direktor, Oberingenieur, Obermeister usw.
  – Beförderungen und Pseudobeförderungen
  – Zugehörigkeit zu einer elitären Unternehmensgruppe wie zu einem Leitungsteam, dem »100%-Club« oder einem »Kreis der Unternehmensvorderen«
  – Verdienstausweise wie Leistungsurkunden oder Verdienstmedaillen des Unternehmens
  Statussymbole sollten nicht in Aussicht gestellt werden, weil diese entsprechend ihrem Namen nur in Abhängigkeit von einem Status und nicht von besonderen Leistungen vergeben werden.

- **Ideelle Motivatoren**
  Die Steigerung der Leistungen, die Vergrößerung des Engagements und ähnliche Wirkungen können besonders durch ideelle Motivatoren erreicht werden. Dazu zählen solche Motivatoren wie
  – Erfolgserlebnisse und Erfolgsanerkennung
  – Überzeugung durch Logik, Vernunft und Sachverstand
  – Offensichtliche Identifikation der Geschäftsführung mit den Zielvorgaben
  – Direkte Einbeziehung der Mitarbeiter in die Rezessionsbekämpfung

- **Determinierende Motivatoren**
  Die Vorgabe von qualitativen Zielen an die Mitarbeiter, gleich welcher Ebene,
  – Leistungsmenge
  – Fehlerquote
  – Kostensenkung
  – Umsatzausweitung
  genügt nicht zur nachhaltigen Motivation. Vielmehr empfiehlt es sich zahlenmäßige Vorgaben zu machen, ohne daß damit Zahlungen oder andere Leistungen verbunden sind, damit jeder Mitarbeiter

– seine Ziele exakt und rechenbar kennt,
– sein Verhalten darauf ausrichten kann und
– sich und seine Leistungen beurteilen kann.

Während in der Fertigung durch den Akkordlohn zahlenmäßige Vorgaben selbstverständlich sind, scheut man sich in manchen Unternehmen noch im Büro- und Leitungsbereich quantitative Vorgaben zu machen.

Im Bürobereich können für eine Vielzahl von Arbeitsplätzen einfach Vorgaben erstellt werden, ohne deswegen eine Leistungsentlohnung einzuführen:
– Zahl der Sachbearbeitungen für Terminalsachbearbeitung
– Buchungszahl bei Kontoristinnen und Buchhaltungskräften
– Umfang der geschriebenen Rechnungen bei Fakturistinnen
– Schreibleistung bei Schreibdamen und Phonotypistinnen
– Datenerfassung bei Locherinnen und Datentypistinnen
– Auftragsbearbeitungen bei Auftragssachbearbeitern
– Bestellzahl bei Einkaufssachbearbeitern

Durch den späteren Vergleich von Vorgabe und Arbeitsleistung mit entsprechender Würdigung wird die Motivation der Mitarbeiter verstärkt. Auch bei leitenden Mitarbeitern, die Abteilungs-, Bereichs- oder Spartenverantwortung haben, sollte nicht auf Vorgaben verzichtet werden, um ihnen aufzuzeigen, welche Ziele sie erreichen müssen, um ihren Beitrag zur Rezessionsbekämpfung zu leisten. Das kann beispielsweise in der nachstehenden Form erfolgen:

Vorgaben für Herrn Müller, Abteilungsleiter Konstruktion G II	
Abteilung: Konstruktion G II – 2. Quartal 1984	
Beeinflußbare Kosten	148.000 DM
Zahl der Projektabwicklungen	32 Stück
Durchschnittliche Mitarbeiterzahl	22 Mitarb.
Durchlaufzeit im Mittel aller Projektabwicklungen	26 AT

Natürlich sollten nur wenige Kennwerte vorgegeben werden. Während und nach Ablauf der Zeitperiode, für welche die Vorgabe gilt, sind regelmäßig Zielerreichungsgespräche mit dem Dienstvorgesetzten zu führen.
Determinierende Motivatoren in Form von Vorgaben haben für die Mitarbeiter den Vorteil, daß damit ihre Arbeitsleistung quantifiziert wird. Damit hängt ihre Beurteilung nicht nur von dem Wohl- oder Wenigerwohlwollen ihres oder ihrer direkten Vorgesetzten ab.

Ideelle, immaterielle und determinierende Motivatoren sind zur Flautenbekämpfung, zur Aktivierung der Mitarbeiter im Kampf gegen die Rezessionsauswirkungen besonders geeignet.
Die zweite Methode, um die Mitarbeiter auf das vorgenannte Ziel auszurichten, ist die Krisenmethode. Diese Methode geht davon aus, daß durch

- die Verunsicherung der Mitarbeiter,
- das Auftreten einer Krisenstimmung,
- das Gegebensein einer Notsituation

wesentliche Wirkungen bei den Mitarbeitern sich einstellen werden, die sie einerseits aktivieren und andererseits dazu bewegen werden einen persönlichen Anteil zur Krisenbewältigung zu leisten.
Da in der Rezession generell ein Krisenklima herrscht, ist es in dieser Situation einfach, in einem Unternehmen ein Krisenbewußtsein zu erzeugen:

- Darstellung der Flautenauswirkungen auf das Unternehmen
- Betonung der negativen Aspekte der Wirtschaftslage
- Durchführung von Maßnahmen zur Krisenbewältigung

Durch Gerüchte unter den Mitarbeitern wird das Krisenbewußtsein oftmals noch verstärkt.
In der bestehenden Krise und bei Gegebensein eines Krisenbewußtseins sind die Mitarbeiter zumindest teilweise bereit

- ihre Leistungen zu steigern,
- auf manche Gewohnheit zu verzichten,
- auch erworbene Ansprüche nicht geltend zu machen,
- Kompromisse einzugehen,

- Konfrontationen abzubauen,
- Rechtspositionen freiwillig aufzugeben,
- die Unternehmensinteressen noch stärker zu vertreten.

Das bedeutet, daß Ziele erreicht werden können, die in anderer Situation überhaupt nicht anstrebbar gewesen wären. Es können in dieser Krisensituation zur Bekämpfung der Flautenwirkung eine Reihe von Wirkungen erreicht werden:

- Die Kosten können vermindert werden.
- Die Leistungsanforderungen werden überprüf- und veränderbar.
- Die freiwilligen Sozialleistungen können angepaßt werden.
- Alteingefahrene Gleise können verlassen werden und neue Verfahren, Methoden und Ideen sind ohne große Probleme einführbar.
- Auf manche Aufgabendurchführung kann verzichtet werden.
- Überzogene Kapazitäten können abgebaut werden.
- Dem Unternehmen kann ein dynamischer »Drive« gegeben werden.

Natürlich darf nicht vergessen werden, daß die Rezession und ein daraus resultierendes oder aktiviertes Krisenbewußtsein auch wesentliche Nachteile bewirken können:

- Die zunächst eintretende Leistungssteigerung kann in eine wesentliche Leistungsminderung umschlagen.
- Das Betriebsklima verschlechtert sich merklich.
- Das Unternehmensimage leidet nicht nur bei den Mitarbeitern, sondern vermindert sich auch bei den Kreditgebern, Lieferanten, Kunden und anderen Geschäftspartnern.
- Aus der geringeren Unternehmensreputation können sich erhebliche Auswirkungen ergeben, so beispielsweise Umsatzeinbußen.

Die Krisenmethode kann deswegen nicht empfohlen werden. Das auch deswegen nicht, weil sie nicht nur unfair gegenüber den Mitarbeitern ist, sondern weil sie den Mitarbeitern Furcht einflößt, mit ihrer Angst arbeitet, sie manipuliert.

(2) Indirekte Motivation

Durch geeignete Information kann bei den Mitarbeitern eine indirekte Motivation ereicht werden, auf die nicht verzichtet werden soll. Besonders im Leitungsbereich können hier merkliche Wirkungen erzielt werden. Wie oft werden von Managern aller Ebenen die Durchführung von Aufgaben veranlaßt, die in vielen Fällen unterbleiben würden, wenn sich die Veranlasser bewußt wären, welche Kosten sie durch ihre Entscheidungen auslösen.
Durch die Information über die Kosten wesentlicher Arbeitsaufgaben sollte deswegen eine Motivationswirkung dahingehend erreicht werden, daß nur noch wirklich wichtige Aufgaben zusätzlich durchgeführt werden. Das kann beispielsweise durch die Herausgabe einer »Was kostet was-Tabelle« erfolgen:

Was kostet was?			
Arbeitsaufgabe	DM	Arbeitsaufgabe	DM
Angebot	240	Kundenbesuch	150
Arbeitsplan	300	Mahnung	12
Auftragsbearbeitung	110	Messebesuch	700
Auftragsänderung	230	Rechnung	35
Auftragsbestätigung	120	Rechnungsprüfung	60
Bedarfsrechnung	60	Stückliste	85
Bestellung	80	Stücklistenänderung	50
Brief	45	Versendung	38
Buchungssatz	18	Wareneingang	42
Disposition	29	Zahlung	25
Kalkulation	120	Zahlungseingang	42
Konferenz	600	Zeichnung	280

Aufgrund der Kenntnis der entstehenden Kosten wird auf manche Arbeitsausführung verzichtet oder überlegt, ob durch eine andere Lösung eine Kostenminderung erreicht werden kann.
Häufig ist es möglich alternative Lösungen zu finden. Die Mitarbeiter müssen immer wieder motiviert werden, bessere Alternativen zu suchen.

Selbst wenn sie zu optimalen Verhalten motiviert sind, ist es ihnen aufgrund der fehlenden Informationen oft nicht möglich sich richtig zu verhalten. Deswegen ist es notwendig für alle Fälle, bei denen mit alternativen Verfahren gearbeitet werden kann, durch

- Arbeitsanweisungen,
- Richtlinien,
- Empfehlungen,

den Mitarbeitern Regeln vorzugeben, welche sie in die Lage versetzen die richtige Entscheidung zu treffen.
Die Vorgabe solcher Regeln sollte beispielsweise erfolgen bei solchen Alternativen wie:

- Kopieren oder Drucken
- Eisenbahn- oder Autobenutzung
- Hand- oder Maschinenschreiben
- Brief oder Fernschreiben
- Telefonieren oder Konferieren
- Übernachtung oder Nachtfahrt

Eine weitere nachhaltige Motivationswirkung hat der Ausweis der Verhaltensfolgen an die Mitarbeiter. Oftmals sind sie sich nicht der Wirkungen bewußt, die ein bestimmtes Verhalten auslöst:

- Monatlich sollten den Mitarbeiter ihre Telefonkosten ausgewiesen werden:
  - Kürzere und weniger Telefongespräche
  - Minderung der Privatgespräche
  - Senkung der Telefonkosten
- Ebenfalls sollten den Mitarbeiter, die durch sie veranlaßten Verbrauchskosten aufgezeigt werden:
  - Kopierkosten
  - Druckkosten
  - Lichtpauskosten
- Den Leitern von Kostenstellen muß, wenn sie ihre Kostenverantwortung voll übernehmen sollen, zumindest monatlich die Entwicklung der beeinflußbaren Kosten aufgezeigt werden.

D. Aktivieren Sie Ihre Mitarbeiter

»Was kann ich denn noch tun, um bei der Rezessionsbekämpfung mitzuwirken?« Diese Frage wird in Zeiten des wirtschaftlichen Niedergangs oftmals von Mitarbeitern gestellt, um

- dem Unternehmen zu helfen,
- den eigenen Arbeitsplatz zu sichern,
- als engagierter Mitarbeiter erkannt zu werden.

Durch ihre breite Ausbildung und den oft vorhandenen Erfahrungsschatz können Mitarbeiter aller Ebenen häufig mehr tun, als ihnen in ihrem Arbeitsgebiet und auf ihrem Arbeitsplatz abverlangt wird. Von vielen Unternehmen wird dieses Angebot aber oftmals nicht angenommen oder die Annahme und Prüfung dieses Angebotes wird so schwierig gemacht, daß viele Mitarbeiter

- sich in ihr Schneckenhaus des eigenen Arbeitsplatzes zurückziehen,
- resignieren und frustriert auf weitere Bemühungen verzichten,
- keine Verbesserungsvorschläge mehr vorbringen.

Dadurch entgeht jedem Unternehmen, das auf die Anregungen, Verbesserungsvorschläge und Hilfen der Mitarbeiter verzichtet, ein wesentliches Potential, das zur Flautenbekämpfung sehr nützlich sein kann. »Keiner ist so klug wie alle!« – Diese Volksweisheit sollte nicht vergessen werden.
Um das in jedem Unternehmen vorhandene Mitarbeiterpotential bestmöglich zu nutzen, ist es notwendig,

- die Mitarbeiter anzuregen Verbesserungsvorschläge zu machen,
- das Einbringen solcher Vorschläge möglichst problemlos zu gestalten,
- gute Vorschläge zu honorieren und dies auch hinreichend bekannt zu machen.

Das bewährte betriebliche Vorschlagswesen kann dabei nur ein Teil der Aktivitäten sein. Zur Rezessionsbekämpfung sind zusätzliche Aktionen erforderlich. Durch Wettbewerbe unterschiedlicher Art und in verschiedenen Bereichen müssen auch die Mitarbeiter bei ihrer täglichen Arbeit zu

- größeren Anstrengungen,
- höherem Arbeitseinsatz,
- stärkerem Engagement

veranlaßt werden. Deswegen darf in Flautenzeiten auf keinen Fall auf das Wettbewerbsinstrument verzichtet werden.

(1) Betriebliches Vorschlagswesen

Besteht bereits ein betriebliches Vorschlagswesen, so gilt es dieses Instrument zu aktivieren. Das kann unter einem mehrdeutigen, mitarbeiterbezogenen Motto erfolgen: »Noch nie war ihr Verbesserungsvorschlag so wertvoll!«
Wurde bisher noch kein betriebliches Vorschlagswesen eingerichtet, so sollte in dieser Wirtschaftslage nicht mehr darauf verzichtet werden. Durch eine Betriebsvereinbarung mit dem Betriebsrat kann dies kurzfristig geschehen.
Besonders wichtig ist die Werbung für das Vorschlagswesen. Besonders die folgenden Maßnahmen haben sich neben attraktiven Prämien bewährt:

Werbemaßnahmen für das Vorschlagswesen.
– Plakatanschläge im Unternehmen – die Plakate können preisgünstig bezogen werden – Regelmäßige Berichte in der Mitarbeiterzeitschrift: – Beispiele von prämierten Verbesserungsvorschlägen – Prämienlisten mit Nennung der Mitarbeiternamen – Bericht über feierliche Prämienüberreichung – Qualitätsbezogener Erfolgsbericht – Auslobung von Sonderprämien. Beispielsweise für den 3. und 5. Verbesserungsvorschlag eines Mitarbeiters – Handzettelaktion an den Betriebspforten bei Arbeitsbeginn – Einreichungsformulare, welche Hilfen zur Ausarbeitung von Verbesserungsvorschlägen geben – Vorschlagsbriefkästen an häufig begangenen Stellen im Betrieb

- Anerkennungsschreiben und Urkunden für prämierte und abgelehnte Vorschläge
- Persönliche oder schriftliche Information neuer Mitarbeiter über das Vorschlagswesen
- Ausarbeiten einer Vorschlagsfibel mit allem Wissenswerten über das Vorschlagswesen
- Verbesserung der Prämienauslobung zur Rezessionsbekämpfung
- Sonderaktion »Flautenbekämpfung« im Rahmen des betrieblichen Vorschlagswesens

Schnelle und unbürokratische Bearbeitung von eingereichten Verbesserungsvorschlägen gehören genauso wie Zwischeninformationen bei längerer Bearbeitung zu den Erfolgsgaranten des betrieblichen Vorschlagswesens.
Nichts stimuliert die Kollegen mehr, als der Kollege am Arbeitsplatz in der gleichen Abteilung, welcher 5.000 DM für einen Verbesserungsvorschlag erhalten hat.

(2) Bereichsaktionen

Einige Unternehmensbereiche haben eine Schlüsselstellung bei der Flautenbekämpfung. Dazu gehören vornehmlich der Vertrieb und der Einkauf. Daneben gibt es aber in jedem Unternehmen Schwachstellen, die durch geeignete Aktionen zur Verstärkung des Mitarbeitereinsatzes entweder ausgeglichen oder sogar überkompensiert werden können. Deswegen sollte in keinem Fall darauf verzichtet werden, durch Bereichsaktionen die Mitarbeiter zu größeren Leistungen anzuspornen.

- Besonders der Vertriebsbereich bietet sich natürlich zu Verkaufsaktionen für alle an der Verkaufsfront stehenden Mitarbeiter an. Da in vielen Unternehmen auf diesem Gebiet schon seit Jahren mit unterschiedlichen Aktionen gearbeitet wird, ist es nun in der Rezession notwendig durch

- besondere Motivatoren,
- neue Ideen und Maßnahmen,
- bessere Methoden und Techniken

die Verkaufsmitarbeiter besonders zu aktivieren.

- Der Einkauf trägt wesentlich zum Unternehmenserfolg bei. Das sollte man nicht nur jedem Einkäufer eindringlich nahebringen, sondern auch durch einen Wettbewerb mit der Aussicht auf Prämien verdeutlichen. Mit einem Einkäufer-Wettbewerb wurden in verschiedenen Unternehmen sehr gute Erfahrungen gemacht. Hier erstellt jeder Einkäufer für jede von ihm veranlaßte Bestellung eine Ergebniskarte:
  - Rote *Mißerfolgskarten,* wenn der Preis für die Bestellung nicht gegenüber dem bisherigen Preis gesenkt werden konnte und es nicht gelang, andere Verbesserungen zu erreichen.
  - Grüne *Erfolgskarten,* wenn gegenüber der vorangegangenen Bestellung Verbesserungen im Preis, Rabatt oder Zahlungsbedingungen erreicht werden konnten.

  Für jede Karte wird der Erhöhungs- oder Senkungsbetrag in DM für den Beschaffungsvorgang ermittelt. Durch die Addition aller Karten kann der beste Einkäufer der letzten Periode ermittelt weden.

- Ausschuß und Nacharbeit haben einen wesentlichen Einfluß auf die Fertigungskosten. Deswegen sollte versucht werden, Ausschuß und Nacharbeit zu minimieren. Das kann durch ein Zero-Defects-Programm erfolgen. Hier wird ein Wettbewerb zwischen
  - Abteilungen,
  - Werkstätten,
  - Arbeitsgruppen,

  im Hinblick auf die Fertigungsqualität durchgeführt. Diejenigen Einheiten werden bei einem Null-Fehler-Programm prämiert, die fehlerfrei ihre Arbeiten durchgeführt haben.

- Der Kostenanfall beeinflußbarer Kosten wird wesentlich von den Kostenstellenleitern bestimmt. Mit ihrer Großzügigkeit und ihrer Gedankenlosigkeit einerseits oder ihren systematischen Kostenverminderungen und ihren Einsparungsaktionen andererseits wird ein wesentlicher Kostenanteil bestimmt. Diesem Personenkreis sollte besonders in der Rezession die Bedeutung ihrer Verantwortung durch eine entsprechende Gemeinkostenaktion verdeutlicht werden:

- Nachhaltige Identifikation der Geschäftsleitung mit der Gemeinkostenaktion
- Prämierung von wesentlichen Kostensenkungen
- Einsatz von immateriellen und materiellen Motivatoren

Jedem Kostenstellenleiter muß klar sein, daß nur derjenige seine Kostenstelle gut leitet, der Erfolge bei der Kostensenkung erzielt.

(3) Querschnittswettbewerbe

Bereichsaktionen wenden sich an bestimmte Mitarbeitergruppen. Dagegen sind Querschnittswettbewerbe auf alle Mitarbeiter ausgerichtet. Sie beziehen sich auf Aufgaben, bei denen erwartet werden kann, daß jeder Mitarbeiter zu ihrem Erfolg beitragen kann. Zur Rezessionsbekämpfung empfehlen sich besonders die nachstehenden Wettbewerbsarten:

- Mit einem Energiesparwettbewerb werden die Mitarbeiter aufgefordert Energiesparvorschläge zu machen. Nebenziel ist dabei natürlich die Mitarbeiter zu energiebewußtem Verhalten zu motivieren. Da die Einsparung von Energie für viele Mitarbeiter auch eine Aufgabe im persönlichen Bereich ist, wenn sie beispielsweise ein Haus besitzen, sind mit einem Energiesparwettbewerb durchaus sinnvolle Vorschläge zu erwarten.

- Unternehmen, die mit gängigen Gebrauchs- oder Verbrauchsgütern handeln oder sie herstellen, sollten alle Mitarbeiter aktivieren am Verkauf teilzunehmen:
  - Eigenbedarf
  - Verwandte und Bekannte
  - Sonstige Bedarfsbeziehungen

  Um die Mitarbeiter für intensive Bemühungen zu motivieren, kann ein Wettbewerb für alle Nichtaußendienstmitarbeiter hilfreich sein. Durch ihn können mehrere Vorteile erlangt werden:
  - Aktivierung nebentätiger Verkäufer
  - Umsatzerhöhung
  - Sensibilisierung der Mitarbeiter für Verkaufsprobleme

- Selbstverständlich können alle Mitarbeiter an der Kostensenkung mitwirken. Deswegen sollten solche Wettbewerbe einmal für die

Kostenstellenverantwortlichen durchgeführt werden, andererseits sollte mit ihnen alle Mitarbeiter aufgerufen werden, sich an der Kostensenkung aktiv zu beteiligen. Mit einem Kostensenkungswettbewerb können alle Mitarbeiter zur Verminderung der Kosten beitragen und gleichzeitig zu kostenbewußtem Verhalten motiviert werden.

(4) Aktionsprogramm

Natürlich nutzt sich die Wirkung von Wettbewerben und Programmen zur Mitarbeiteraktivierung ab. Deswegen dürfen neben dem betrieblichen Vorschlagswesen, das eine Dauereinrichtung sein sollte, auch nicht noch mehrere Querschnittswettbewerbe parallel veranstaltet werden. In einem Aktionsplan sollten alle Mitarbeiterwettbewerbe und -programme abgestimmt werden:

Aktionsprogramm	
Januar	Energiesparwettbewerb
März	Belegschaftsverkaufsaktion
Mai	Aktivierung betriebliches Vorschlagswesen
September	Kostensenkungswettbewerb
November	Belegschaftsverkaufsaktion

Selbstverständlich ist für jede Aktivität der Mitarbeiteraktivierung eine Erfolgsrechnung durchzuführen. Mit Hilfe einer Kosten-Nutzen-Rechnung sind die Ergebnisse zu beurteilen.

VI. Funktionale Aktivitäten

Zur Bekämpfung der Rezession und ihrer Folgen können die verschiedenen Funktionen eines Unternehmens in unterschiedlichem Maße beitragen – aber alle müssen dazu ihren Beitrag leisten.
Daß dem Vertrieb dabei eine besondere Rolle zukommt, steht außer jedem Zweifel. In der Flaute wird der Vertrieb zu der dominierenden Funktion. Deswegen gilt es auch für die anderen Funktionen, ihn möglichst optimal in seinen Bestrebungen zur Überwindung der Rezessionsfolgen zu unterstützen.
Eine ebenfalls sehr große Bedeutung bei der Flautenbekämpfung hat die Fertigung. Ihre positiven oder negativen Wirkungsmöglichkeiten werden oftmals nicht genügend beachtet.
Daß eine miserable Verwaltung in mehrfacher Weise Erfolge im Kampf gegen die Rezession wieder hinfällig machen kann, ist fast überall erkannt worden. Jedoch die Erkenntnis genügt nicht. Es müssen die richtigen Maßnahmen aus dieser Erkenntnis abgeleitet werden, vorbereitet und durchgeführt werden, um auch auf diesem Kampfplatz gegen die Rezession erfolgreich zu bestehen.

A. Erhöhen Sie Ihre Produktivität

»Umsatz je Beschäftigten« ist eine häufig benutzte Kennziffer von Industrie, Handel und Handwerk. Diesen Wert wesentlich zu erhöhen, auch bei Berücksichtigung der im Umsatz üblicherweise enthaltenen Preiserhöhungen, muß eines der Hauptziele in der Rezession sein:

- Erhöhung oder Erzielung eines Gewinnes
- Auffangen der Kostensteigerungen
- Konkurrenzfähigkeit gegenüber den Wettbewerbern
- Sicherung des Unternehmens

Die Kennzahl »Produktivität« bezieht sich auf das Gesamtunternehmen. Meistens jedoch, wenn man von Produktivität spricht, wird ausschließlich an die Fertigung gedacht. Steigerungen der Produktivität in Bereichen wie

- Materialwirtschaft,
- Vertrieb,
- Verwaltung

werden oftmals als Effizienzverbesserungen bezeichnet. Diesem Sprachgebrauch wird auch hier gefolgt.
Für die Steigerung der Produktivität in der Fertigung gibt es eine Vielzahl von Ansatzpunkten und Maßnahmen.

(1) Höhere Kapazitätsauslastung

Die Stückkosten der Fertigung steigen mit fallender Kapazitätsauslastung und fallen entsprechend bei steigender Auslastung. Diese Binsenweisheit sollte in der Rezession Grund genug sein, die Kapazität soweit wie möglich auszulasten:

- Jeder Deckungsbeitrag eines Auftrages trägt zur Fixkostenabdeckung bei. Ist die Kapazität in der Rezession nur teilweise ausgelastet, so ist es sinnvoll auch Aufträge hereinzunehmen, die nicht den vollen Deckungsbeitrag erbringen. Daß es sich dabei um Aufträge handelt, die einen Verlust bedingen, muß natürlich beachtet werden. Ohne solche Aufträge wäre der Verlust jedoch noch größer. Selbstverständlich muß man sicher sein, daß solche Grenzaufträge noch zur Fixkostenabdeckung beitragen. Insgesamt können für solche Aufträge folgende Vorteile gesehen werden:

- Beitrag zur Kapazitätsauslastung
- Beschäftigung der Mitarbeiter
- Teilabdeckung der Fixkosten

Vorsicht ist anzuraten beim Anlauf der Konjunktur, daß die Kapazität nicht mit solchen Grenzaufträgen ausgelastet ist und deswegen keine gewinnerbringenden Aufträge ausgeführt werden können.

● Verbessern Sie die Anlagennutzung durch den sofortigen Verzicht auf die Vergabe von Lohnfertigungsaufträgen, soweit das technologisch möglich ist. Auch hier gilt natürlich, daß jeder Fertigungsauftrag nützlich ist, welcher zur Fixkostendeckung beiträgt, auch wenn er nicht die Fixkosten voll abdeckt, solange die Fertigung nicht eine Mindestauslastung aufweist. Er trägt zur Verminderung der Verluste bei.

● Überprüfen Sie alle Fremdteile, erworbene Halbfabrikate und die Handelsware, ob sie nicht selbst gefertigt werden können. Auch wenn einmal eine Make-or-buy-Analyse gemacht wurde, so sollte sie nun unter den Aspekten der Rezession nochmals vorgenommen werden:

- Kostensituation und -struktur haben sich zwischenzeitlich verändert
- Wird auf einen Teil der Fixkostenabdeckung verzichtet, so wird manche Eigenfertigung interessant
- Berücksichtigen Sie auch die nicht quantifizierbaren Vorteile der Eigenfertigung wie größere Schnelligkeit, höhere Flexibilität usw.

● Übernehmen Sie Wartungs- und Reparaturarbeiten sowohl an den eigenen Erzeugnissen, wie auch an den vorhandenen Maschinen und maschinellen Anlagen.

● Versuchen Sie zunehmend Fremdaufträge zu übernehmen:

- Arbeitsgänge

– Teilefertigung
– Halbfabrikate

Besonders wenn in einer bestimmten Technologie besonderes Knowhow vorhanden ist, sollte durch diese Maßnahme die Kapazitätsauslastung verbessert werden können.

- Mindern Sie die Stillstands- und Wartekosten durch
  – Verbesserung der Fertigungplanung und -steuerung,
  – Ausführung von Wartungs- und Reparaturarbeiten außerhalb der normalen Arbeitszeit,
  – Optimierung des innerbetrieblichen Transportes.
- Aktivieren Sie nachhaltig ihre Vertriebsbemühungen, um die Kapazitätsauslastung zu erhöhen.
- Eine Erhöhung der Kapazitätsauslastung durch eine Verstärkung der Fertigung auf Lager muß sehr genau überprüft und überlegt werden. Durch die Zinssenkungen stimmen jedoch in vielen Unternehmen, in welchen mit optimalen Losgrößen gearbeitet wird, diese Losgrößen nicht mehr. Deswegen müssen sie nun mit der aktuellen Zinshöhe neu errechnet werden und die optimalen Losgrößen in den Fertigungsaufträgen entsprechend verändert werden.
- Prüfen Sie jeden Fall des Ausschusses, ob er nicht durch Nacharbeit wieder nutzbar gemacht werden kann.

(2) Minderung der Durchlaufzeiten

Durch die Verminderung der Fertigungsdurchlaufzeiten werden mehrere Vorteile erzielt:

- Kürzere Lieferzeiten
- Geringerer Kapitalbedarf
- Kleinere Zinsbelastung
- Bessere Termineinhaltung
- Verminderter Raumbedarf
- Schnellere Leistungsrealisierung

Durch die geringere Kapazitätsausnutzung in der Flaute sollte sich automatisch eine Minderung der Durchlaufzeiten ergeben. Darauf sollte man sich jedoch nicht verlassen. Deswegen muß durch verschiedene Maßnahmen eine erhebliche Durchlaufzeitreduzierung angestrebt werden:

- Vermindern Sie die üblicherweise in der Terminplanung benutzten Liege- und Wartezeiten auf ein erreichbares Minimum.
- Motivieren Sie Ihre Mitarbeiter zur strengen Einhaltung der Fertigungstermine. Die aus Zeiten der Hochkonjunktur bestehende Gewohnheit Terminüberschreitungen nicht allzu wichtig zu nehmen, muß ausgemerzt werden. Jeder Mitarbeiter muß wissen und überzeugt sein, daß die Einhaltung der Termine zur Rezessionsbekämpfung sehr wichtig ist.
- Überprüfen Sie Ihren innerbetrieblichen Transport nicht nur im Hinblick auf seine Beschleunigung, sondern vor allem auf die Wartezeiten, die bis zum Transport der Aufträge vergehen. Diese Wartezeiten können in der Regel durch eine bessere Transportorganisation wesentlich verkürzt werden.

- Verbessern Sie ihre Fertigungssteuerung so, daß es nicht zu Engpaßsituationen kommt. Sind Fertigungsengpässe aus kapazitiven Gründen nicht vermeidbar, so kann durch frühzeitige Erkennung dieser Situation einfach Abhilfe geschaffen werden:
  - Splittung oder Überlappung
  - Benutzung von Ausweicharbeitsplätzen und -maschinen
  - Vorübergehende Mitarbeiterversetzungen
  - Vorübergehend 2. oder 3. Schicht
  - Umterminierungen von Aufträgen

  An Überstunden sollten in der Rezession nur in Notfällen gedacht werden, da sie die Kosten überproportional erhöhen.
- Verzichten Sie auf »Eil- und Blitzaufträge«. Sie bedingen wohl eine Beschleunigung einiger weniger Aufträge, aber eine Verlängerung der Durchlaufzeit aller anderen Aufträge.
- Prüfen Sie, ob die Arbeit selbst beschleunigt werden kann, beispielsweise durch
  - Vorrichtungsverwendung,
  - Ergonomieverbesserung,
  - Arbeitsplatzoptimierung,
  - Transporteinrichtungen,
  - Robotereinsatz.

- Verbessern Sie gezielt Ihre Ablaufplanung zur Verminderung des Fertigungszeitbedarfes.

(3) Leistungsverbesserungen

Die Fertigungsleistung kann ebenfalls in vielen Fällen verbessert werden:

- Durch den Zusammenbruch und die Auflösung von vielen Unternehmen gibt es in der Rezession ein riesiges Gebrauchtmaschinenangebot, auch moderner Maschinen, zu teilweise sehr günstigen Preisen:
  - Gebrauchtmaschinenhandelsangebote
  - Betriebsauflösungen
  - Liquidationsverkäufe
  - Konkursversteigerungen

  Durch die Verschrottung unwirtschaftlicher und reparaturfälliger Altmaschinen und den Einsatz einer preisgünstigen Gebrauchtmaschine, welche eine höhere Produktivität besitzen, kann manchmal eine wesentliche Leistungsverbesserung erreicht werden.

- Die Leistungsentlohnung bedingt in der Regel für die Mitarbeiter ein höheres Entgelt und für das Unternehmen eine Leistungsverbesserung. Prüfen Sie deswegen, ob die Leistungsentlohnung ausgedehnt werden kann, so beispielsweise auf solche Arbeiten wie
  - Instandhaltung
  - Maschineneinrichtung
  - Montage
  - Qualitätsprüfung
  - Reparaturarbeiten
  - Vorrichtungsbau
  - Werkzeugbau

- In den Vorgabezeiten, die schon längere Zeit bestehen, sind oftmals solche Maßnahmen wie
  - Arbeitsplatzoptimierungen,
  - Vorrichtungseinsatz,

– Werkzeugverbesserungen,
– Hilfsmittelbenutzung,

nicht berücksichtigt. Prüfen Sie deshalb, ob solche Unterlassungen bestehen und führen Sie gegebenenfalls Korrekturen bei den Vorgabezeiten durch.

- Auch wenn Sie keine Teilefamilienfertigung auf der Basis eines speziellen Werkstückklassifizierungssystems besitzen, so kann doch durch die Fachkenntnisse der Mitarbeiter oftmals eine »Quasi-Teilefamilienfertigung« erreicht werden und damit die Rüstzeiten erheblich gesenkt werden. Durch eine geeignete Information und Motivation kann dadurch die Leistungsausbringung wesentlich verbessert werden.

- Ausschuß und Nacharbeit vermindern die erbrachte Leistung und damit die Produktivität. Motivieren Sie deswegen Ihre Mitarbeiter zu qualitätsbewußten Arbeiten, beispielsweise durch Ausschuß- und Nacharbeitsgespräche oder durch ein Zero-Defects Programm.

(4) Verminderungsmaßnahmen

In der Fertigung ist es oftmals möglich, auf verschiedenen Gebieten Verminderungen durchzuführen und dadurch die Produktivität zu erhöhen:

- Durch die Auslastungsverminderung werden weniger Maschinen und Arbeitsplätze benötigt. Ist in absehbarer Zeit nicht zu erwarten, daß alle Maschinen und Arbeitsplätze benötigt werden, so sollten sie eingemottet und eingelagert werden. Das bedingt einen geringeren Bedarf an Fertigungsraum:
  – Einparung an Lichtverbrauch, Heizung, Reinigung
  – Möglichkeit der Vermietung des Raumes
  – Kürzere Transportwege und damit geringere Transportkosten

- Besonders in der Fertigung kann Energie eingespart werden. Im Kapitel IV. F »Senken Sie Ihren Energieverbrauch« wird darauf eingegangen.

- Die Qualitätsprüfung kann durch verschiedene Maßnahmen vermindert werden, ohne daß deswegen Qualitätseinbußen hingenommen werden müssen:
  - Verstärkter Einsatz der Stichprobenprüfung
  - Verminderung der Prüfarbeitsgänge durch Zusammenlegung
  - Einführung der Eigenprüfung bei zuverlässigen Mitarbeitern
  - Wegfall von unnötigen Qualitätsanforderungen
  - Instandhaltungsoptimierung senkt die Fehlerzahl
- Der Rückgang der Fertigungsauslastung bedingt nicht nur, daß die Fertigungshilfsstellen wie
  - Fertigungsdisposition,
  - Fertigungsplanung,
  - Fertigungssteuerung,
  - Fertigungsverfolgung,

  proportional weniger Mitarbeiter brauchen, sondern in einigen Fertigungsbetrieben ging in diesen Stellen das Arbeitsvolumen überproportional zurück durch den Wegfall aller hochkonjunkturellen Sondermaßnahmen. Sie sollten entsprechend »abgespeckt« werden.
- Die Notwendigkeit von Hilfskräften wie Werkstattschreibern, Saaldienern, Vesperholern sollte in der Rezession ebenfalls geprüft werden.

(5) Fertigungsvergabe

Natürlich sollte alles getan werden, daß die Kapazität so hoch wie möglich ausgenutzt wird. Das kann natürlich nur bis zu einem bestimmten Punkt gelten. Dieser Punkt sind die eigenen variablen Kosten. Können Fertigungen vergeben werden zu einem Preis, der unter den eigenen variablen Kosten liegt, dann gilt das Verlustminderungsargument nicht mehr.
Es ist deswegen zu prüfen, ob Fertigungsaufträge zu dieser Bedingung vergebbar sind. Das kann aus verschiedenen Gründen möglich sein:

- Um sich über Wasser zu halten, werden in der Rezession oftmals Angebote gemacht, die extrem niedrige Preise aufweisen. Gibt es solche Angebote, so ist zu prüfen, ob die Gewähr für eine ordentliche Auftragsabwicklung gegeben ist. Besteht ein größeres Risiko dafür, so ist es oftmals besser, auf die Vergabe eines Auftrages zu verzichten.

- Behindertenwerkstätten und -zentren können günstige Angebote machen, da
  - ihre Arbeitsplätze und Maschinen von der öffentlichen Hand bezuschußt werden,
  - ihre Umsätze nur dem halben Mehrwertsteuersatz unterliegen,
  - von verschiedenen Steuern befreit sind.

  Außerdem können Aufträge an solche Einrichtungen in einem gewissen Umfang von der Schwerbehinderten-Ausgleichsabgabe abgesezt werden.

- Von Gefängnissen werden ebenfalls oftmals günstige Angebote abgegeben.

Vergabe von Fertigungsaufträgen an Auslandsunternehmen, zum Beispiel in Ostasien, ist oftmals günstig im Hinblick auf die geforderten Preise. Die Abwicklung solcher Aufträge gleicht aber häufig den Preisvorteil nicht nur aus, sondern läßt solche Auftragsvergaben uninteressant werden.

(6) Änderungen unterlassen

Untersuchungen haben gezeigt, daß technische Änderungen an

- Teilen,
- Halbfabrikaten,
- Enderzeugnisse,

selbst bei kleinen Veränderungen weit über 1.000 DM kosten. Die meisten Änderungen verursachen aber einen Aufwand von einigen Tausend Mark durch die Notwendigkeit von Änderungen bei

- Aufträgen,
- Arbeitsplänen,
- Stücklisten,
- Werkzeugen,
- Vorrichtungen,
- Meßgeräten.

Es muß oftmals in laufende Aufträge eingegriffen werden, Bestände werden unverwendbar und müssen verschrottet werden und bei der Fertigung entstehen Fehler durch die unterschiedlichen Änderungsstände.

Durch eine andere Untersuchung wurde ermittelt, daß technische Änderungen oftmals keine zwingenden Gründe haben, also solche Gründe wie

- Funktionsminderung,
- Benutzungsgefahren,
- Verpflichtende Auflagen.

Oftmals waren dafür solche Gründe gegeben, wie

- Anstrebung technischer Perfektion,
- geringfügige Designverbesserung,
- Konstrukteureinfall ohne Verbesserung,
- Wunsch eines einzelnen Kunden,
- Wertanalyse, welche die Änderungskosten nicht berücksichtigt.

Deswegen sollte während der Dauer der Rezession auf alle Änderungen in der Fertigung verzichtet werden, es sei denn, sie sind absolut zwingend. Das sind jedoch selten mehr als 50 % aller Änderungswünsche.

(7) Technologische Produktivitätssteigerung

Die Steigerung der Produktivität in der Fertigung um durchschnittlich 5% im Jahr in den letzten Jahrzehnten wurde natürlich auch durch Fortschritte auf solchen Gebieten wie

- Planung,
- Organisation,

- Verfahrensverbesserungen,
- Kontrolle

erreicht. Der größere Teil davon entfällt aber auch technologische Produktivitätssteigerungen.

Wenn man die Fertigung in Japan für verschiedene Wirtschaftszweige als zukunftsweisend auch für unsere Fertigung ansieht, so kann daraus abgeleitet werden, daß dies auch in den kommenden Jahren in Deutschland so sein wird. Deswegen sollte zur Überwindung der Rezessionsauswirkungen auch in der Rezession nicht auf die Nutzung des technologischen Fortschrittes verzichtet werden. Hier eine Pause während der Flaute einzulegen, kann dem Wettbewerb einen erheblichen Vorteil einräumen.

Deswegen gilt es alle technologischen Möglichkeiten, um einen Produktivitätsfortschritt zu erreichen, zu prüfen. Von besonderer Bedeutung werden sein:

- Die Elektronische Datenverarbeitung in ihren vielfältigen Formen:
  - Mikrocomputer,
  - Prozessrechnertechnik,
  - CAD und CAM.
- Die Automatisierung in ihren unterschiedlichen Arten bis hin zu Industrierobotern.
- Die Mikroelektronik mit ihren noch unübersehbaren Auswirkungen.

Daneben gibt es eine Vielzahl weiterer Technologien, die in der Zukunft produktivitätssteigernde Wirkung haben werden. Der Innovation durch den Technologietransfer sollte auch in der Rezession keine Grenzen gesetzt sein.

(8) Kurzarbeit nutzen

Läßt sich trotz aller Maßnahmen zur Rezessionsbekämpfung Kurzarbeit nicht vermeiden, so sollte man diese nutzen. Da Kurzarbeit oftmals nicht langfristig vorhersehbar ist, sollte immer ein Aktionsplan auf Abruf bereitstehen, um die Kurzarbeitszeit wirksam zu Maßnahmen in der Fertigung wahrnehmen zu können.

In einem Aktionsplan für Kurzarbeit müssen solche Erfordernisse aufgenommen werden, deren Durchführung während der laufenden Fertigung

- Kapazitätsminderungen,
- Ausstoßreduzierungen oder
- Kostenerhöhungen

bedingen. In einem solchen »Kurzarbeits-Aktionsplan« können solche Aufgaben aufgenommen werden wie

- Maschinenwartung,
- Generalüberholungen,
- zeitlich planbare Reparaturen,
- Fertigungsumstellungen,
- Umzüge,
- Vorbereitungen von Erzeugnisanläufen.

Daß ein »Kurzarbeits-Aktionsplan« nur ein Alternativplan zu einer Planung ohne Kurzarbeit sein kann, ist selbstverständlich, solange die Einführung einer Kurzarbeitsperiode nicht »beschlossene Sache« ist.

B. Schöpfen Sie Ihre Vertriebsreserven aus

Eine Analyse der Fehler von zusammengebrochenen Unternehmen zeigt eindeutig, daß zwei Fehlerarten von besonderer Bedeutung waren. Neben der mangelhaften Liquiditätsvorsorge waren das Marketingfehler. Zur Bekämpfung der Rezessionswirkungen wurden häufig mangelhaft vorbereitete Maßnahmen in viel zu großer Zahl gestartet:

- Einführung neuer Erzeugnisse
- Ausweitung der Typenzahl bewährter Produkte
- Erzeugnisangebote in neuen Sparten
- Eindringversuche in bisher nicht aquirierten Märkten
- Übergang zu anderen Vertriebsformen
- Hektische Werbeaktionen

Hier wurde offensichtlich in nicht wenigen Fällen die Zahl der Aktionen mit Erfolgszahlen gleichgesetzt. Zunehmende Rezessionswirkungen, also Rückgang von Umsatz und Auftragseingang, wurden mit immer nervöseren Reaktionen bekämpft:

- Die Zahl der angegangenen Aktionen stieg mit zunehmender Flautendauer.
- Die Maßnahmen entfernten sich immer mehr vom bisherigen Geschäftsrahmen.
- Die Vorbereitung und Ausarbeitung von Maßnahmen wurde zunehmend mangelhafter.
- Die Aktionen behinderten und überschnitten sich immer mehr.

Daß durch die Rezessionswirkungen ein unheilvoller Kreislauf bedingt wird, der immer mehr eskaliert, ist verständlich. Je weniger die bisherigen Vertriebsanstrengungen durch die Rezession wirken, umso mehr Aktionen werden gestartet.
Dabei wird aber häufig außer acht gelassen, daß die Aktionen nicht nur den Auftragseingang stabilisieren sollen, sondern auch erheblichen Aufwand erfordern:

- Mitarbeiterkapazität
- Sachmittelbedarf
- Engagement
- Zusatzkosten

Deswegen kann zur Rezessionsbekämpfung nicht empfohlen werden, in gleicher Weise vorzugehen. Nun ist es zu spät für Diversifikationen! Die Auswirkungen der Rezession müssen durch andere Maßnahmen bekämpft werden:

- Ausschöpfung der Vertriebsreserven
- Intensivierung der bisherigen Vertriebsaktivitäten
- Gezielte Verbesserungen des Vertriebsprogrammes ohne grundlegende Änderungen
- Ausbau der eingenommenen Marktstellung auf den bisher bearbeiteten Märkten
- Selektive Vervollkommnung der Verkaufsförderung
- Stetiger, nicht hektischer Ausbau des Vertriebsapparates
- Begrenzter Einsatz zusätzlicher absatzpolitischer Instrumente

Zwischen den Marketingmaßnahmen zur Bekämpfung der Rezessionswirkungen, dem dafür erforderlichen Aufwand und dem dadurch eingegangenen Risiko muß ein wohlerwogenes Gleichgewicht bestehen.

(1) Maßnahmenausarbeitung

Wenige aber wirksame zusätzliche Maßnahmen muß das Ziel bei der Rezessionsbekämpfung im Vertrieb sein. Dazu müssen die wesentlichen Vertriebsfaktoren analysiert werden und dafür Maßnahmn ermittelt, ausgearbeitet und durchgeführt werden:

- Vertriebsprogramm
- Kunden
- Vertriebswege
- Preispolitik
- Werbung
- Außendienststeuerung
- Vertriebsverwaltung
- Marktanteil

Diese Aufgaben können sehr gut mit »strategischen Geschäftseinheiten« gelöst werden. Dazu werden, ohne daß die bestehende Unternehmensorganisation geändert wird, Erzeugnisgruppen bildet, die

- ähnliche Erzeugnisse und Dienstleistungen umfassen,
- gegenüber anderen Gruppen abgrenzbar sind,
- sich an gleiche oder ähnliche Kunden wenden,
- identische Vertriebswege benutzen,
- hinsichtlich Kosten und Erträgen zurechenbar sind.

Jede Erzeugnisgruppe wird zur Rezessionsbekämpfung von einem Erzeugnisgruppenteam betreut, das für die Bekämpfung der Rezession für ihre Erzeugnisgruppe die Initiative und Verantwortung übernimmt. Ein Erzeugnisgruppenteam sollte aus vier Mitarbeitern bestehen:

- Zuständiger Verkaufsleiter
- Aktiver Verkaufssachbearbeiter
- Fertigungsingenieur
- Entwicklungsspezialist

Die Erzeugnisgruppenteams liefern der Geschäftsleitung ausgearbeitete und entscheidungsreife Maßnahmenvorschläge und führen diese Maßnahmen nach der positiven Entscheidung auch verantwortlich durch. Gegenüber der herkömmlichen Organisationslösung des »Produktmanagers« haben die Erzeugnisgruppenteams einige wesentliche Vorteile:

- Es werden die Kenntnisse und Erfahrungen mehrerer Funktionen und Mitarbeiter eingebracht.
- Teams sind kreativer als einzelne Mitarbeiter.
- Die gemeinschaftliche Lösungserarbeitung verschiedener Bereiche bedingt weniger Abstimmungsnotwendigkeiten und Bürokratie.
- Die Aufbauorganisation kann unverändert beibehalten werden.
- Es müssen keine neuen Arbeitsplätze geschaffen werden.
- Erzeugnisgruppenteams arbeiten im Team nur mit einem Teil ihrer Arbeitszeit.
- Zwischen mehreren Erzeugnisgruppenteams entsteht eine positive Wettbewerbssituation.
- Es gibt eine klare Zuständigkeit für Rezessionsbekämpfungsmaßnahmen in jedem Bereich und für das Gesamtunternehmen.
- Es werden nicht für alle Erzeugnisse die Maßnahmen über einen »Kamm geschoren«.

Durch die Einführung von strategischen Geschäftseinheiten mit ihren Erzeugnisgruppenteams ist ein wirksames Instrument zur Rezessionsbekämpfung gegeben. Von ihnen werden vornehmlich Aktivitäten der nachstehenden Gebiete durchgeführt.

(2) Vertriebsprogramm

Zur Ausarbeitung von Maßnahmen zur Rezessionsbekämpfung sollte zunächst das eigene Vertriebsprogramm analysiert werden, um aus seinen Stärken und Schwächen, Vor- und Nachteilen, Ansatzpunkte zu entwickeln, die als Basis für Maßnahmen in Frage kommen.
Die nachstehende Checklist zeigt die Schwerpunkte der Erzeugnis- und Programmanalyse aus.

Im Hinblick auf das Vertriebsprogramm gilt es auch in der Rezession den Markt zu beobachten:

- Patentanmeldungen
- Angebot von Schutzrechten
- Einführung neuer Produkte
- Importe von Auslandsmärkten
- Vertriebswege

Checklist: Erzeugnis- und Programmanalyse

- Wird für jedes Erzeugnis oder jede Erzeugnisgruppe mit der Deckungsbeitragsrechnung der aktuelle, rezessionsbedingte Deckungsbeitrag ermittelt?
- Ist mit einer Portfolio-Analyse die Stellung des Erzeugnisses im Markt ermittelt worden.
- Liegen Informationen über die Mittelbindung und -freisetzung (Cash Flow) für jedes Erzeugnis vor?
- Welche Erzeugnisse bieten die Wettbewerbsunternehmen an?
- Besitzen Wettbewerbsprodukte erhebliche Vorteile gegenüber unserem Angebot?
- Weisen unsere Erzeugnisse Stärken gegenüber den Konkurrenzprodukten auf?
- Gibt es zusätzliche Anwendungsgebiete für die eigenen Erzeugnisse?
- Können durch Änderungen von Erzeugnissen die Absatzchancen vergrößert werden?
- Kann durch Produktdifferenzierungen eine Verbesserung der Verkaufsmöglichkeiten erreicht werden, zum Beispiel als
  - Luxusausführung
  - Sparausstattung
  - Weiße Ware
  - Markenartikel
  - Verpackungsdifferenzierung
- Ist es möglich durch Sonderformen für Erzeugnisse zusätzliche Kunden zu erschließen:
  - Lizenzvergabe
  - Baukastenangebot
  - Artikel 2. Wahl
  - Ersatzteilpakete
  - Gebrauchtwagen
  - Bastlerbedarf
- Können für die Erzeugnisgebiete Dienstleistungen angeboten werden:
  - Wartungsverträge
  - Schulungskurse
  - Veröffentlichungen wie Bücher, Broschüren usw.
- Ist eine Vergrößerung des Zubehörvertrieb sinnvoll?
- Kann durch eine Vertriebskooperation ein wesentlicher Vorteil erlangt werden?

(3) Kunden

Die Stammkunden eines Unternehmens sind in der Rezession und Stagnation eine seiner wichtigsten Vertriebsressourcen. Die Verbindungen zu den Stammkunden müssen gepflegt und ausgebaut werden. Durch den Einsatz einer ABC-Analyse ist es möglich, die Kundenbetreuung der Kundenbedeutung anzupassen. Dabei sollten die Kunden, beispielsweise beim Arbeiten mit strategischen Geschäftseinheiten, nicht undifferenziert betrachten. Ihre Analyse muß dann auf die strategischen Geschäftseinheiten bezogen werden.
Daneben sollte aber auch versucht werden, neue Kunden zu gewinnen. Jedoch darf man in der Flaute nicht daran denken, neue Exportmärkte zu erschließen. Dies ist in der Regel teuer und mit hohem Erfolgsrisiko verbunden.
Es empfiehlt sich vielmehr in dieser Wirtschaftslage solche Kundenkreise zu bearbeiten, die in Zeiten guter Konjunktur vernachlässigt wurden:

- Behörden und öffentliche Verwaltung
- Bundeswehr und Bundesgrenzschutz
- NATO-Streitkräfte und deren Verkaufsorganisationen für Angehörige in Deutschland
- Kirchliche und caritative Einrichtungen
- Vereine und Verbände
- Kammern und Körperschaften

Dabei sollte eine wichtige Kundengruppe nicht vergessen werden. Das ist die eigene Belegschaft, soweit die geführten Güter für die Mitarbeiter von Nutzen sein können. Darüber hinaus können die Mitarbeiter natürlich als Verkäufer für

- die Verwandten,
- den Bekanntenkreis,
- die Vereinsbrüder und Clubmitglieder und
- andere Interessenten

dienlich sein. Durch die Einräumung von attraktiven Provisionen einerseits und dem psychologischen Vorteil des Beziehungshandels andererseits kann daraus in vielen Branchen ein interessanter Verkaufsbereich gemacht werden. Natürlich wird nicht jedes Unternehmen den

Erfolg des Hauses Daimler-Benz AG auf diesem Gebiet erreichen. Trotzdem sollte auf diese Möglichkeit nicht verzichtet werden. Mancher Nichtverkaufsmitarbeiter hat schon eine Drehbank oder eine Nebenstellenanlage, 1000 kg Schmieröl oder eine große Gebindeeinheit Ammoniak verkauft.

Oftmals kommen Lieferanten auch als Kunden in Frage. Das sollte man nutzen und diese Lieferanten überzeugen, daß Gegengeschäfte für beide Partner vorteilhaft sind. Ein zugkräftiger Gegengeschäftsrabatt vermindert nicht nur den Preis, sondern festigt auch die Geschäftsbeziehungen. Ein direkter Austausch von Gütern ohne Bezahlung verstößt jedoch gegen gesetzliche Vorschriften.

Durch Gegengeschäfte wird auch der Finanzbedarf vermindert, denn die Zahlung kann durch Aufrechnung erfolgen. Durch die Vereinbarung eines »Swings« zwischen den Partnern von Gegengeschäften kann eventuell eine zusätzliche Kreditquelle erschlossen werden.

(4) Vertriebswege

Welches Unternehmen hat alle Vertriebswege ausgeschöpft? Das ist selten der Fall. Deswegen sollte auch immer geprüft werden, ob bisher nicht oder nur wenig benutzte Vertriebswege genutzt oder intensiviert werden sollten.

Mit der nachstehenden Liste kann geprüft werden, ob nicht auch andere Vertriebswege nützlich sein können:

Besonders interessant und bisher zu wenig genutzt ist in der Rezession der Telefonverkauf. Mit ihm können mehrere Aufgaben gelöst werden:

- Kontaktpflege
- Information über Sonderangebote
- Neukundenwerbung
- Zusatzverkauf zur Auftragswerterhöhung
- Nachfaßaktion zu Werbeaktionen
- Terminvereinbarung für den Außendienst
- Klärung von Reklamationen und Beschwerden

Privatpersonen, mit denen keine Geschäftsbeziehungen bestehen, dürfen gemäß der Rechtsprechung nicht ohne Bezug angerufen werden.

Checklist: Vertriebswege

- Ausstellungs- und Messemarketing
- Automatenverkauf
- Belegschaftsvertrieb
- Direktverkauf über Bildschirmtext
- Eigener oder Gemeinschaftsladen oder -ladenkette
- Franchisingvergabe wie zum Beispiel Salamander und WMF
- Großhandelspartnerschaft
- Hausservice durch regelmäßige Belieferung wie Tiefkühlkostvertriebe
- Haus zu Haus-Verkauf wie beispielsweise Avon und Tupper
- Interessentenvermittlung durch bezahlte Tippgeber z. B. für Altbausanierung, Energiesparmaßnahmen, Anlagenberatung usw.
- Kommissionär- und Maklereinsatz
- Mobile Verkaufsstellen durch Verkaufsauto mit festen Verkaufszeiten und -orten
- Propagandisten mit Straßen- und Kaufhausständen
- Regalmiete in Selbstbedienungsläden
- Stand oder Gemeinschaftsstand auf Verbraucherausstellungen
- Telefonverkauf
- Verkaufsparties in Privathaushalten
- Verkaufsveranstaltung bei Ausflugsfahrten
- Verleihorganisation z. B. für Baumaschinen, Homeworkgeräten usw.
- Versandhandel mit eigenem oder Gemeinschaftskatalog
- Versteigerungshandel
- Vertreter- und Vertretungseinsatz

(5) Preispolitik

Viele Geschäfte »laufen« in der Rezession nur über den Preis. Deswegen kann kein Unternehmen zur Bekämpfung der Rezessionsauswirkungen auf eine aktive und manchmal auch agressive Preispolitik verzichten. Dabei muß manchmal zur Auslastung oder Teilauslastung der Fertigung auch auf einen Teil des Deckungsbeitrages verzichtet werden.
Zur demonstrativen Preispolitik können vielfältige Maßnahmen benutzt werden:

- Ausverkauf
- Leasingverkauf
- Mondpreise (Wesentliche Preisempfehlungsunterschreitungen)
  - erzeugnisbezogen
  - kundenbezogen
  - räumlich
  - zeitlich
- Preissenkungsaktionen
- Rabatte
  - Auftragsrabatt
  - Auslaufrabatt
  - Einführungsrabatt
  - Gegengeschäftsrabatt
  - Mengenrabatt
  - Messerabatt
  - Naturalrabatt
  - Saisonrabatt
  - Treuerabatt
- Räumungsverkauf
- Sonderangebote

Die Preispolitik zur Rezessionsbekämpfung kann natürlich nicht isoliert definiert und durchgeführt werden, sondern die anderen Kontrahierungsbedingungen sind dabei auch einzubeziehen und rezessionsbezogen zu gestalten:

- Garantievereinbarungen
- Lieferbedingungen
- Kreditvergabe

- Preiskonditionen
- Umtausch- und Rückgaberechte
- Zahlungsbedingungen

Besonders die Kreditvergabe und ihre Konditionen sind in der Rezession von wesentlicher Bedeutung. Beispielsweise haben einige Unternehmen, die LKW herstellen und verkaufen, durch eine aktive Kreditpolitik merklich ihre Verkaufsergebnisse beeinflußt.

(6) Werbung

Die »Crux« bei der Werbung ist die Erfolgskontrolle! Nur in Ausnahmefällen ist eine echte Erfolgskontrolle möglich, bei der Werbung und erreichter Umsatz aufeinander bezogen werden können. Deswegen können die Antworten auf die folgenden Fragen auch nur vermutet werden:

- Wie wirkt sich eine Erhöhung oder eine Kürzung des Werbeetats auf die Verkaufszahlen aus?
- Welche Wirkung hat die Änderung der Werbemittel auf den Vertriebserfolg?
- In welcher Weise wirkt sich eine Umverteilung des Werbeetats auf den Absatz aus?
- Welche Auswirkungen ergeben sich aus einer Änderung der Werbeträger auf den Umsatz?
- Wirkt sich eine Änderung der Werbeziele positiv oder negativ in der Rezession aus?
- Welche Wirkungen hat die Erhöhung oder die Reduzierung der Mittel für die Verkaufsförderung?
- Wie wirkt sich eine Änderung der Public-Relations-Anstrengungen auf den Absatz aus?

Eine generelle Empfehlung für eine rezessionsgerechte Werbepolitik,

- Anpassung des Werbeetats an die Wirtschaftslage oder
- antizyklische Erhöhung des Werbeetats,

kann nicht gegeben werden. Es können nur einige Rezessionsregeln für die Werbung, die sich in einigen Unternehmen bewährt haben, hier genannt werden.

Rezessionsregeln für die Werbung
– Versachlichen und personalisieren Sie Ihre Werbeaussagen. – Berücksichtigen Sie die rückläufige Werbeeffizienz bei bestimmten Werbemitteln. – Stimmen Sie Preispolitik und Werbung aufeinander ab. – Nutzen Sie kostenlose Werbemöglichkeiten konsequent aus: ● Firmenwagen ● Verpackungswerbung ● Kartons, Kisten, Hüllen usw. ● Werbeaufdruck auf Briefhüllen ● Beigabe von Werbematerialien bei Korrespondenz ● Auftragsbestätigung, Lieferschein, Rechnung – Setzen Sie Ihren Computer zu Werbemaßnahmen ein. – Bauen Sie einheitlich Unternehmensimage auf: ● Werbung ● Formulare ● Erzeugnisdesign ● Verpackungen – Verbessern Sie Ihre Public-Relations-Arbeit.

(7) Außendienststeuerung

Der Außendienst eines Unternehmens ist viel zu teuer, um ihn selbstgesteuert arbeiten zu lassen. Der Außendienst muß effizient gesteuert werden. Das bedeutet, daß eine Vielzahl von Aufgaben für die Außendienststeuerung erledigt werden müssen:

- Bereitstellung von aktuellen Informationen für die Außendienstmitarbeiter
- Überwachung der Besuchstermine
- Disposition der Außendienstmitarbeiter
- Steuerung von Sonderaktionen des Außendienstes
- Optimierung der Reiserouten und des Reisezeitbedarfes
- Entlastung des Außendienstes von Verwaltungsarbeit
- Schnelle Auswertung der Außendienstberichte
- Analyse der Außendiensterfolge

Mit einem Computer und effizienten Programmen lassen sich diese Aufgaben kostengünstig und marktorientiert durchführen. Durch das Angebot von Mikrocomputern mit entsprechenden Programmen können heute auch kleine und mittlere Unternehmen mit vertretbaren Kosten eine wirksame Außendienststeuerung durchführen.

(8) Vertriebsverwaltung

Die Vertriebsverwaltung umfaßt insbesondere solche Aufgaben wie

- Angebotserstellung
- Auftragsbestätigung
- Versandpapiererstellung
- Rechnungsschreibung
- Mahnwesen
- Kommunikationsabwicklung
- Vertriebsstatistik

Sobald es sich dabei um Massendatenverarbeitungen handelt, wie das in vielen Unternehmen der Fall ist, sollten diese Aufgaben maschinell mit dem Computer abgewickelt werden:

- Minderung der Personalkosten
- Verringerung der Fehlerquote
- Beschleunigung der Arbeitsabwicklung
- Datenbereitstellung für die anderen Unternehmensbereiche

Besondere Bedeutung kommt dabei in der Rezession der Rechnungsschreibung und dem Mahnwesen zu. Tendenziell kann gesagt werden, je früher der Kunde die Rechnung erhält, umso schneller erfolgt die Bezahlung. Deswegen muß am Auslieferungstag auch die Rechnung fertiggestellt werden.

(9) Marktanteil

In der Rezession kommen die Marktanteile in Bewegung. Dafür gibt es mehrere Gründe:

- Langsamere und schnellere Reaktion der Konkurrenzunternehmen auf die Rezessionsauswirkungen
- Rezessionsgerechtere Voraussetzungen bei bestimmten Unternehmen
- Geschäftsaufgabe und Konkurse von Wettbewerber
- Erwerb von Unternehmen und Unternehmensanteilen mit seinen Marktanteilen

Bei günstigen Gelegenheiten sollte man ebenfalls zugreifen, falls ein Wettbewerbsunternehmen oder Teile davon erwerbbar sind:

- Erwerb von Marktanteilen
- Dem Wettbewerb wird dieses Potential entzogen
- Auftragsbestand wird erlangt
- Vertriebsorganisation kann gestärkt werden
- Eingeführte Erzeugnisse und Image werden erworben

Im Kapitel III.D »Expandieren Sie wohlüberlegt« wird auf diese Art der Rezessionsbekämpfung ausführlich eingegangen.

C. Optimieren Sie Ihre Verwaltung

Im Gegensatz beispielsweise zu Fertigung und Verkauf, die für ein Unternehmen unabdingbar sind, gibt es beim ersten Hinsehen keinen zwingenden Grund für die riesigen Verwaltungen, die in manchen Unternehmen vorgefunden werden.
Bei genauerem Betrachten ergeben sich natürlich einige Gründe für unterschiedliche Verwaltungsaufgaben, so beispielsweise:

- Gesetzliche Vorschriften, wie das Gebot der Buchführung
- Informationserfordernisse für das Management, so zum Beispiel die Ermittlung des Auftragsbestandes
- Aufgabenerledigungen zur Zahlungserlangung, wie zum Exempel die Rechnungsschreibung

(1) Aufgabenprüfung

Zur Rezessionsbekämpfung ist es notwendig, nur noch die Verwaltungsfunktionen durchzuführen, die zwingend erforderlich sind. Auf alle Sekundärfunktionen sollte verzichtet werden. Die umseitige Checklist weist Aufgaben aus, ohne deren Durchführung es in der Not auch gehen kann. Und die Rezession ist für viele Unternehmen die Zeit der Not!

Natürlich können nicht immer alle genannten Aufgabendurchführungen ersatzlos gestrichen werden. Aber alle diese Aufgabenerledigungen und möglicherweise andere sollten dahingehend geprüft werden, ob man ihren Aufwand, auch noch, wenn das Unternehmen in der Rezession um seine Existenz ringt, weiter tragen will.
Dabei kann für jede Aufgabenerledigung die übernächste Checklist benutzt werden:

Checklist: Aufgabenprüfung
– Kann die Aufgabenabwicklung ersatzlos aufgegeben werden? – Kann die Aufgabendurchführung in ihrem Umfang wesentlich gemindert werden? – Kann der Aufwand zur Aufgabenerledigung merklich vermindert werden? – Kann die Aufgabe auch kostensparend mit der EDV erledigt werden? – Kann die Aufgabendurchführung mit weniger Mitarbeitern ausgeführt werden? – Können mehrere Aufgabenerledigungen arbeitsmindernd zusammengelegt werden? – Kann die Aufgabenabwicklung mit geringen Kosten fremdvergeben werden? – Kann die Aufgabendurchführung besser organisiert werden?

Checklist: Aufgabenerfordernis	
Anlagenbuchhaltung	Kassenführung
Auftragsführung	Kostenrechnung
Bargeldabwicklungen	Lagerbestandsführung
Berichtsauswertung	Lehrausbildung
Berichterstattung	Lochen
Bestandsrechnung	Marktforschung
Beteiligungsverwaltung	Mikroverfilmung
Betriebsabrechnung	Nachkalkulation
Betriebskrankenkasse	Preisrechnung
Büromateriallager	Rechtsreferat
Datenerfassung	Reiseabrechnung
Dolmetscher	Statistikausarbeitung
Drucken	Texterstellung
Ertragsrechnung	Vorkalkulation
Fotolabor	Wareneingangsscheinerstellung
Fuhrparkabrechnung	Zwischenkalkulation

Zur wirksamen Bekämpfung der Rezession gilt es in der Verwaltung solche Forderungen zu realisieren wie:

- Weniger Aufgaben und aufwandsgeringe Erledigung
- Einfachere Arbeit und weniger Arbeitsgänge
- Kleinere Abteilungen
- Geringere Aufwendungen und Ausgaben
- Weniger Aufschriebe, Abrechnungen und Aufstellungen

Dabei muß man sich jedoch vor Scheinrationalisierungen und vor Scheinverbesserungen, vor Verbesserungsversprechungen und Verbesserungsillusionen hüten.
In der Rezession sollte man auf große und langwierige Organisations- und Rationalisierungsprojekte verzichten. Sie verursachen einen hohen Aufwand und ihr Erfolg tritt erst nach längerer Zeit ein:

- Management-Informations-System
- Integrierte EDV-Verwaltung
- Umfassende Verwaltungsreorganisation

Gegen große Organisationsprojekte in der Rezession sprechen mehrere Gründe:

- Erheblicher Aufwand zur Durchführung
- Langfristige Verunsicherung der Mitarbeiter
- Lange Dauer bis merkliche Wirkung eintritt
- Auf schnell wirkende Maßnahmen wird verzichtet

Deswegen sollte man in der Flaute versuchen, durch eine Reihe von überschaubaren, aber wirksamen Maßnahmen die Verwaltung zu optimieren, um sie der Rezession anzupassen.

(2) Personalbedarf

Die Rezession hat auch in den Verwaltungsstellen jedes Unternehmens erhebliche Veränderungen ausgelöst:

- Die Zahl der zu bearbeitenden Vorgänge ist rückläufig.
- Sonderaktionen, wie sie in der Hochkonjunktur üblich sind, werden kaum mehr erforderlich.

- Der Krankenstand hat sich halbiert oder ist noch geringer geworden.
- Die Leistung der Mitarbeiter ist größer geworden.

Daß aus diesen Gegebenheiten selbstverständlich auch eine Anpassung des Personalbestandes resultieren muß, ist offensichtlich. Deswegen gilt es, zunächst alle Verwaltungsstellen zu überprüfen, ob in ihrem Personalstand die genannten Gegebenheiten berücksichtigt wurden.

Vorgesetzte haben weniger Probleme, wenn sie sowohl quantitativ wie auch qualitativ gut mit Mitarbeitern ausgestattet sind. Deswegen werden sie sowohl in guter Konjunktur, wie auch in der Rezession bestrebt sein, ihren Personalstand nicht zu minimieren. Aus diesem »Naturgesetz« ergeben sich mehrere Konsequenzen.

- Der Personalstand der Hochkonjunktur muß nicht proportional, sondern überproportional in der Rezession sinken.
- Die direkten Vorgesetzten werden Personalabbau in ihrem Bereich oftmals zu verhindern versuchen, auch wenn dieser Abbau vertretbar ist, um ihre eigenen Probleme zu minimieren.
- Organisatorische Maßnahmen zur Verwaltungsoptimierung müssen zusätzlich im Personalbedarf berücksichtigt werden.

Um den Personalbedarf auch rechnerisch zu ermitteln, kann ohne großen Aufwand mit Personalbedarfskennzahlen gearbeitet werden. Die Zahl der je Mitarbeiter und Tag ausgeführten

- Abrechnungen,
- Angebotsausarbeitungen,
- Auftragsbearbeitungen,
- Bestellerteilungen,
- Briefseiten,
- Buchungen,
- Dispositionen,
- Rechnungsseiten,
- Stücklistenerstellungen,
- Zahlungsbearbeitungen,

sind solche Personalkennzahlen. Ohne besondere Verfahren, wie beispielsweise Normalisierung oder Simulation, werden die Kennzahlen aus besseren Zeiten genommen und um die genannten Gegebenheiten, also um

- versteckte Konjunkturreserven,
- verminderten Krankenstand,
- erhöhten Leistungsgrad,
- durchgeführte Arbeitsverbesserungen,

korrigiert und so den Bedingungen der Rezession angepaßt.
Dadurch ist ein einfaches Instrument gegeben, mit welchem in Abhängigkeit vom Arbeitsvolumen der notwendige Personalstand errechnet werden kann. Dadurch wird es bei anziehender Konjunktur auch möglich, den Personalbedarf für den zunehmenden Arbeitsanfall richtig zu bemessen.

(3) Schwankender Bedarf

Wird mit Personalkennzahlen in Abhängigkeit vom Arbeitsanfall gearbeitet, so sollte in der Rezession nicht mit dem langfristigen Mittelwert gearbeitet werden, wenn saisonale Schwankungen im Arbeitsanfall gegeben sind. In der Rezession wird man ausschließlich den über das ganze Jahr benötigten Sockelbedarf an Stammitarbeitern halten. Durch gezielte Maßnahmen kann man bei Mehrbedarf die Personalkapazität den Anforderungen der Verwaltung angleichen:

- Versetzungen von Mitarbeitern für die Zeit höheren Personalbedarfes zwischen den Stellen und Abteilungen
- Einsatz von ehemaligen Mitarbeiterinnen in Heimarbeit
- Vorübergehende Überstundenarbeit
- Einrichtung einer Hausfrauenschicht für einen begrenzten Zeitraum
- Einsatz von Zeitpersonal eines Zeitarbeitsunternehmens
- Anwerbung von Rentnern und Studenten für den Zeitraum des höheren Arbeitsanfalls
- Vergabe an Dienstleistungsunternehmen wie Schreibbüros, Datenerfassungsunternehmen usw.

In der Rezession sind solche Lösungen problemlos und kurzfristig durchführbar. Erst wenn es offensichtlich ist, daß der Arbeitsanfall auf Dauer ansteigt, sollte in der Verwaltung die Zahl der ständigen Mitarbeiter über den bisherigen Personalsockel hinaus angehoben werden.

(4) Leistungsentlohnung

Die Dialogdatenverarbeitung setzt sich immer mehr durch. Bis zum Jahr 1985 werden mehr als 1 Million Terminals in Deutschland erwartet. Die überwiegende Zahl dieser Terminals wird zu solchen Tätigkeiten in den Unternehmen eingesetzt werden wie

- Abrechnungen
- Bestellbearbeitung
- Buchungen
- Datenerfassung
- Dispositionen
- Kontoführung
- Lagerbewegungsbearbeitung
- Rechnungsschreibung
- Textverarbeitung
- Zahlungsverarbeitung

Durch den Einsatz der Dialogdatenverarbeitung ist es einfach möglich, alle die Mitarbeiter zu ermitteln, die in der Verwaltung Mehrleistungen erbringen, um sie entsprechend zu entlohnen.
Dazu ist eine Betriebsvereinbarung mit dem Betriebsrat erforderlich, in welcher die Modalitäten dieser Prämien- oder Leistungsentlohnung vereinbart wird. In einer Reihe von Unternehmen wurden mit solchen Vereinbarungen sehr gute Erfahrungen gemacht, denn

- die daraus resultierende Leistungsverbesserung erhöht die Mitarbeitereffizienz,
- die leistungsabhängige Entlohnung läßt leistungsbewußte Mitarbeiter ihr Gehalt steigern.

Für die Mitarbeiter ergibt sich dabei der doppelte Erfolg, dem arbeitgebenden Unternehmen in der Rezession zu helfen und an dieser Hilfe durch ein höheres Gehalt zu partizipieren.

(5) Textverarbeitung

Obwohl die modernen Methoden der Textverarbeitung erhebliche Verbesserungen der Verwaltungsarbeit bewirken, werden sie in vielen Unternehmen nur zum Teil eingesetzt.
Mit Hilfe einer provokanten Checklist wird nachfolgend auf die wesentlichen Verbesserungsmöglichkeiten der Textverarbeitung hingewiesen.

Checklist: Textverarbeitung
– Ist das Diktat auf Sachbearbeiterebene abgeschafft? – Wurde mit der Dialogdatenverarbeitung auch die Dialogtextverarbeitung eingeführt? Sind die Mitarbeiter dafür geschult? – Gibt es Textbausteine für Einkauf, Verkauf usw.? Wird mit diesen Textbausteinen gearbeitet? – Wurde ein oder auch mehrere zentrale Schreibzimmer eingeführt. Werden diese von allen Abteilungen genützt? – Wird innerbetrieblich ausschließlich mit handschriftlichen Notizen gearbeitet? – Wurde Teletex eingeführt und werden die Teletex-Maschinen umfassend eingesetzt? – Ist mit der Einführung von Teletex sofort telex abgeschafft worden? – Gibt es Gemeinschaftssekretariate für die Führungsmitarbeiter des Unternehmens?

(6) Datenverarbeitung

Um zur Datenverarbeitung ebenfalls Ansatzpunkte zur Verbesserung der Verwaltungsaufgaben aufzuzeigen, sind nachstehend in einer Checklist einige wesentliche Verbesserungsmöglichkeiten angerissen.
Eine Überprüfung der Arbeitseffizienz der EDV – Abteilung läßt oftmals ebenfalls Ansatzpunkte zur Verbesserung finden.

Checklist: Elektronische Datenverarbeitung

- Gibt es noch Arbeitsaufgaben, die gleichzeitig von drei und mehr Mitarbeitern manuell ausgeführt werden?

- Ist es für alle Sofortaufgaben, welche in großer Zahl anfallen, die Dialogdatenverarbeitung eingeführt:
  - Auftragsbearbeitung,
  - Bestellerarbeitung,
  - Buchhaltung usw.?

- Wurden alle umfangreichen Karteien durch Dateien abgelöst, die im Direktzugriff stehen:
  - Artikel,
  - Kunden,
  - Lieferanten usw.?

- Werden alle umfangreichen Bestände mit EDV geführt:
  - Auftragsbestand,
  - Bestellbestand,
  - Lagerbestand usw.?

- Sind alle Abrechnungsaufgaben mit EDV organisiert:
  - Lohn- und Gehaltsrechnung,
  - Kostenrechnung
  - Rechnungsschreibung usw.?

- Laufen alle kontinuierlichen Überwachungen automatisch auf der EDV:
  - Lieferverfolgung,
  - Mahnschreibung,
  - Terminverfolgung usw.?

- Wurde bei der Einführung der Dialogdatenverarbeitung die Datenerfassung weitgehend abgebaut?

- Werden für neue EDV-Einsatzgebiete überwiegend angebotene Programme erworben und auf Eigenerstellung verzichtet?

- Erfolgt eine Kostenminderung durch den Einsatz von Mixed-Hardware?

- Wurde schon überlegt, mit einem Second-Hand-Computer zu arbeiten, um die Kosten zu senken?

- Werden für isolierte Massendatenverarbeitungen auch Mikrocomputer in den Fachabteilungen eingesetzt?

Literaturverzeichnis

Ferk, H.S.: Gemeinkosten abbauen durch Wertanalyse, Landsberg 1983

Käppeler, F.: Verhandlungen mit der Bank stehen an, Landsberg 1983

Morgenbrod, H. G., Schwärtzel H.G.: Rationelle Organisation für Büro und Verwaltung, Landsberg 1982

Oehler, O.: Aktionsprogramme, Landsberg 1982

Oehler, O.: Checklist Frühwarnsystem mit Alarmkennziffern, München 1980

Oehler, O.: 20 Aktionsprogramme, wie Sie Personal- und Personalnebenkosten wirkungsvoll und ohne Substanzverlust einsparen können, 3. Aufl., Landsberg 1982

Olfert, K., Steinbuch, P. A.: Personalwirtschaft, Ludwigshafen / Rhein 1984

Radke, M.: Kosten senkt man heute so – 222 praxiserprobte Maßnahmen zur Kostensenkung, Landsberg 1984

Schwörer, H.: Handbuch der Vordrucke, Landsberg 1983

Steinbuch, P. A: So senkt man Kosten, 2. Auflage, Grafenau – Stuttgart – Zürich 1983

Steinbuch, P. A.: Managementwerkzeuge, Grafenau 1983

Steinbuch, P. A.: Betriebliche Datenverarbeitung, 2. Auflage, Ludwigshafen / Rhein 1983

Steinbuch, P. A.: Organisation, 4. Auflage, Ludwigshafen 1983

Steinbuch, P. A., Olfert, K.: Fertigungswirtschaft, 2. Auflage, Ludwigshafen / Rhein 1983

Wellenreuther, H.: Aktionsprogramm Integrierte Leistungsverbesserung durch Wertanalyse, Landsberg 1982

Stichwortverzeichnis

A

B